»Kinder! macht Neues!«

125 Jahre Bayreuther Festspiele – 50 Jahre »Neubayreuth«

Dieter David Scholz

»Kinder! macht Neues!«

125 Jahre Bayreuther Festspiele
50 Jahre »Neubayreuth«

Bilanz eines Erfolges

Parthas Verlag

Bildnachweis:
Festspiele Bayreuth – Seiten: 58, 66, 67, 71, 78, 79, 85, 89, 91
alle anderen: Archiv Autor

Die Deutsche Bibliothek – CIP-Einheitsaufnahme

Scholz, Dieter David:
Kinder! macht Neues! : 125 Jahre Bayreuther Festspiele, 50 Jahre Neubayreuth ;
Bilanz eines Erfolges / Dieter David Scholz.
- 1. Aufl. - Berlin : Parthas-Verlg., 2001
ISBN 3-932529-86-3

ISBN 3-932529-86-3
© Parthas Verlag GmbH, Berlin 2001
1. Auflage 2001

Umschlaggestaltung: vierplus, Leipzig
Druckvorstufe: AS Typo & Grafik, Berlin
Druck und buchbinderische Verarbeitung: Offizin Andersen Nexö, Leipzig

Printed in Germany

INHALTSVERZEICHNIS

VORWORT

Vor 125 Jahren, 1876, wurde eine der tollkühnsten Künstlerphantasien verwirklicht, zu der sich je ein Komponist verstieg. Wie Richard Wagner es schaffte, seine Utopie eines eigenen Festspielhauses zur mustergültigen Aufführung ausschließlich eigener Werke in die Realität umzusetzen, ist Thema des Buches. Aber auch die Fortführung der Wagner-Festspiele durch seine Witwe Cosima, die aus Bayreuth einen Tempel der Wagneranbetung machte, die Öffnung Bayreuths für die Moderne durch Wagners Sohn Siegfried und die fatale Anbiederung Bayreuths an Hitler und die Nazis durch Siegfrieds Gattin Winifred, werden prägnant dargestellt. Es folgt ein Abriß der inzwischen 50-jährigen Geschichte »Neubayreuths«, die von den Wagnerenkeln Wieland und Wolfgang wesentlich geprägt wurde. Ausblicke der aktuellen Diskussion um die Zukunft der Bayreuther Festspiele beschließen die gewissermaßen im Zeitraffer resümierende Darstellung der Festspielgeschichte, die sich an ein breites internationales Publikum richtet, was die Zweisprachigkeit des Buches begründet. Wagners programmatische Aufforderung »Kinder! macht Neues! Neues! und abermals Neues! – hängt Ihr Euch an's Alte, so holt Euch der Teufel der Inproduktivität, und Ihr seid die traurigsten Künstler!« (Brief an Franz Liszt vom 8. September 1852) ist nach wie vor einzulösendes Motto der Bayreuther Festspiele.

Dieser Band stützt sich selbstverständlich auf meine vorausgehenden Arbeiten und basiert auf einer in diesem Jahr international ausgestrahlten Sendereihe der Deutschen Welle – Radio.

Ohne Dr. Dieter Glawe wäre die DW-Sendereihe nicht zustande gekommen. Ihm und seiner menschlich wie fachlich fabelhaften Redaktion danke ich sehr herzlich. Dank nicht zuletzt aber auch an Dr. Gero Schließ, Musikchef der DW Köln, der dieses Buchprojekt besonders unterstützt hat, und meinen engagierten Verleger Horst Wandrey.

Für die englische Transkription der Sendung, aber auch die englische

Version des Buchtextes (beides weicht aus Rücksichtnahme auf andere radiophone Gewohnheiten von der deutschen Version leicht ab) schulde ich Rick Fulker besonderen Dank, einem versierten Bayreuth-Kenner seit vielen Jahren.

Berlin, im Februar 2001   *Dieter David Scholz*

SCHWERE GEBURT UND ERSTES SCHEITERN

Gründung der Bayreuther Festspiele,
RING-Uraufführung 1876 und finanzielle Pleite

Richard Wagner hat mit dem RING DES NIBELUNGEN, der als Ganzes 1876 zum ersten Mal, und zur Eröffnung der ersten Bayreuther Festspiele aufgeführt wurde, eines der gewaltigsten Werke des Musiktheaters geschrieben, sowohl was die zeitliche Ausdehnung über vier Abende angeht, als auch die musikalischen Ausdrucksmittel und die inhaltliche Stoßrichtung.

Der RING ist nichts mehr und nichts weniger als eine politische Parabel, Welterschaffungs- und Untergangsmythos, Zeit- und Gesellschaftskritik, Vorwegnahme der Psychologie Sigmund Freuds und politische Utopie einer sozialistischen Zukunftshoffnung auf der Opernbühne. Ein unvergleichliches Œuvre. Sechsundzwanzig Jahre hat Wagner daran geschrieben und komponiert. Ein geradezu revolutionäres Werk des Musiktheaters. Dessen Aufführung schien Wagner denn auch nur unter veränderten gesellschaftlichen Bedingungen möglich zu sein. Im Jahre 1851 schrieb er an seinen Dresdner Freund Theodor Uhlig einen Brief, in dem es heißt: »Mit dieser neuen Konzeption trete ich gänzlich aus allem Bezug zu unserem heutigen Theater und Publikum heraus. An eine Aufführung kann ich erst nach der Revolution denken, erst die Revolution kann mir die Künstler und Zuhörer zuführen. Mit dem Werk gebe ich den Menschen der Revolution dann die Bedeutung dieser Revolution, nach ihrem edelsten Sinne, zu erkennen. Dieses Publikum wird mich verstehen; das jetzige kann es nicht.«

Die von Richard Wagner ersehnte gesellschaftliche Revolution blieb aus. Nichtsdestotrotz reifte in Wagner die Vorstellung einer Revolution des Musiktheaters um so mehr: der Gedanke der Errichtung eines eigenen Opernhauses zur Aufführung seines Œuvres, vor allem seiner Nibe-

9

lungen-Tetralogie. Die Geburt dieser Idee reicht zurück bis ins Jahr 1850, als der an der Dresdner Revolution maßgeblich beteiligte und steckbrieflich verfolgte Richard Wagner, Königlich Sächsischer Hofkapellmeister, ins Zürcher Exil floh. Ziel der Dresdner Revolution war die Abschaffung der Aristokratie und die Errichtung einer bürgerlichen, demokratischen Gesellschaftsordnung in Deutschland. In Zürich schrieb er an seinen Freund, den Leipziger Porträtmaler Ernst Benedikt Kietz, einen Brief, in dem es hieß, er wolle an den Ufern des Rheins »aus Brettern ein Theater errichten lassen und natürlich gratis drei Vorstellungen in einer Woche hintereinander geben, worauf dann das Theater abgebrochen und die Sache ihr Ende« habe.

Eine kühne, eine unrealistische Utopie, deren inhaltliche Begründung er in seiner Programmschrift »Oper und Drama« konkretisierte und deren Umsetzung er in dem Essay »Eine Mitteilung an meine Freunde« ankündigte: »An einem eigens dazu bestimmten Feste gedenke ich jene drei Dramen nebst dem Vorspiele aufzuführen.«

Die Idee der Bayreuther Festspiele war geboren. Auf der Suche nach einem geeigneten Ort besichtigte der inzwischen begnadigte und nach Deutschland zurückgekehrte Richard Wagner zwischen dem 15. und 19. April 1871 mit seiner Gattin Cosima, geborene Liszt, das abgelegene fränkische Residenzstädtchen Bayreuth, das Wagner schon seit den dreißiger Jahren kannte; ein barockes Provinzjuwel, in dem die Lieblingsschwester des preußischen Königs Friedrichs des Großen, die Markgräfin Wilhelmine, eines der prächtigsten Opernhäuser Deutschlands hatte errichten lassen. Wagner wollte dieses für seine Zwecke nutzen. Nach einigen Proben gab er jedoch den Plan schnell auf. Aber die örtlichen Verhältnisse zogen ihn an, und er beschloß, in Bayreuth ein nach seinen Vorstellungen entworfenes Theater zu errichten und Festspiele zur Aufführung des RINGS vorzubereiten. Bayreuth sollte ihm das vergnügungssüchtige Stadtpublikum fernhalten, es hatte kein stehendes Repertoire-Theater und es lag in Bayern, dem Land seines großzügigsten Mäzens, König Ludwigs des Zweiten. Der Bayreuther Gemeinderat schenkte Wagner tatsächlich ein geeignetes Gelände, außerhalb der Stadt auf einem grünen Hügel gelegen. Am 22. Mai 1872 fand bei strömendem Regen die Grundsteinlegung des Bayreuther Festspielhauses statt. Vor einem Festbankett im Hotel »Zur Sonne« führte man Beetho-

Rheintöchter in der Uraufführung des RINGS

vens Neunte Sinfonie im Markgräflichen Opernhaus auf. Mit ihr wurde die Grundsteinlegung des Bayreuther Festspielhauses musikalisch gefeiert. Wagner hatte in den Grundstein den bis heute rätselhaften Spruch einfügen lassen: »Hier schließ ich ein Geheimnis ein, da ruh es viele hundert Jahr': so lange es verwahrt der Stein, macht es der Welt sich offenbar.«

Der Architekt Gottfried Semper, einer von Wagners Revolutionsfreunden aus Dresden, hatte die Pläne des Bayreuther Festspielhauses gemeinsam mit Wagner entworfen. Das Festspielhaus sollte, wie es im Vorwort der ersten öffentlichen Ausgabe der RING-Dichtung heißt, ein provisorisches Theater sein, »so einfach wie möglich, vielleicht bloß aus Holz, und nur auf künstlerische Zweckmäßigkeit des Innern berechnet«.

Mit amphitheatralisch ansteigendem Zuschauerraum, inspiriert durch das griechische Amphitheater im sizilianischen Segesta, war Wagners Festspielhaus ein demokratischer Gegenentwurf zum vorherrschenden aristokratischen Logentheater. Das unsichtbare Orchester hatte er in einen, von einem Schalldeckel überwölbten mystischen Abgrund verbannt, zwischen der Wirklichkeit des Zuschauerraums und der Idealität auf der Bühne. Eine bis dahin einzigartige, neuartige Konzeption eines Opernhauses.

Sänger und Musiker der Festspiele sollten aus den verschiedensten deutschen Theatern und Orchestern ausgesucht und zu einem Festspielensemble zusammengestellt werden. Offen blieb die Frage der Finanzierung. Wagner sah zwei Wege: eine Vereinigung vermögender Männer und Frauen oder die Gründung einer Stiftung durch einen deutschen Fürsten. Dieser Fürst fand sich im Jahre 1864 in Gestalt Ludwigs des Zweiten von Bayern, der nach seiner Thronbesteigung Wagner bis zu dessen Tode großzügig unterstützte. Nachdem die Stadt Bayreuth Wagner das Baugrundstück zur Verfügung gestellt hatte, wurde 1872 ein »Patronatsverein« ins Leben gerufen, mit dem Ziel des Verkaufes von Patronatsscheinen. Damit sollte die Anschubfinanzierung der ersten Bayreuther Festspiele gesichert werden. Doch beim Richtfest des Festspielhauses war nur ein Drittel der Patronatsscheine verkauft worden. Damit war der Gedanke des freien Zutritts zu den Festspielen ein für allemal gestorben.

Man schien vor dem Ende zu stehen. Ein Bittgesuch an den deutschen Kaiser wurde von Reichskanzler Bismarck erfolgreich verhindert. Der Bau des Festspielhauses mußte 1873 schließlich eingestellt werden. Das Unternehmen stand vor dem Ruin. Wer half, war wieder einmal, wie schon früher im Leben Wagners, König Ludwig von Bayern, der legendenumwobene Märchenkönig. Er gewährte einen großzügigen Kredit von 100.000 Talern. Der Vollendung des Festspielhauses und den ersten Bayreuther Festspielen stand nun nichts mehr im Wege.

Am 28. April 1874 bezogen Wagner und Cosima ihre neuerbaute Villa Wahnfried in Bayreuth. Auch für diesen Bau hatte König Ludwig 25.000 Taler beigesteuert. Wagner unternahm damals ununterbrochen Konzertreisen als Dirigent, um die finanziellen Mittel für die Kosten des Probebetriebs zu sichern.1875 begann man im noch unvollendeten Festspielhaus mit den ersten Vorproben. Wagner hatte die besten Sänger seiner Zeit verpflichtet, hervorragende Bühnenbildner und Techniker. Der renommierte Dirigent Hans Richter wurde engagiert. Am 13. August

Richard Wagner (Photographie von Joseph Albert, London 1880)

1876 war es soweit: es hob sich der Vorhang zu den ersten Bayreuther
Festspielen und zur ersten kompletten Aufführung des »Rings des Nibelungen«, die »erste Weltumsegelung im Reiche der Kunst«, wie der Philosoph und Kulturkritiker Friedrich Nietzsche die technisch aufwendige
Produktion nannte. Eine bis dato nie dagewesene Anforderung an Bühnenbildner (Max und Gotthold Brückner), Maschinisten und Regisseur

(Richard Wagner). Zum Raffiniertesten der Bühnentechnik gehörten die Schwimmapparate der Rheintöchter. Leider beeinträchtigten viele technische Pannen das Ereignis. Beispielsweise funktionierte der in England hergestellte, nur unvollständig gelieferte Drachen bei der Premiere nicht.

Daß Wagner es geschafft hatte, seine Idee eines eigenen Festspielhauses und eigener Festspiele zu realisieren, mutete vielen Zeitgenossen wie ein Märchen an. Es war die beispiellose Verwirklichung eines Künstlertraums der Neuzeit. In seinem »Rückblick auf die Bühnenfestspiele des Jahres 1876« schrieb Wagner: »Es erschien sehr wahrhaftig, daß noch nie ein Künstler so geehrt worden sei; denn hatte man erlebt, daß ein solcher zu Kaiser und Fürsten berufen worden war, so konnte niemand sich erinnern, daß je Kaiser und Fürsten zu ihm gekommen seien.«

Zu den Gästen und Festspielbesuchern der Eröffnungspremiere gehörten neben dem Kaiser Don Pedro von Brasilien, Kaiser Wilhelm dem Ersten von Deutschland, dem König von Württemberg, Großherzog Alexander von Sachsen-Weimar und vielen anderen Fürsten und Großbürgern auch die Komponisten Anton Bruckner, der Wagner seine dritte Sinfonie gewidmet hatte, und Peter Tschaikowsky. Man gab drei Ring-Zyklen. Erst zum letzten war König Ludwig von Bayern angereist.

Trotz des nur mäßigen Erfolgs der ersten Bayreuther Festspiele waren sich die meisten Anwesenden bewußt, daß das dreitägige Bühnenfestspiel von der Welt Anfang und Ende, Der Ring des Nibelungen, nebst »Vorabend« eine einzigartige Stellung in der Geschichte des Musiktheaters einnehmen würde. Trotz einiger technischer Pannen waren die ersten Bayreuther Festspiele insgesamt ein Triumph, auch wenn sie von der Presse unterschiedlich aufgenommen wurden. Ein Wiener Kritiker beispielsweise sprach von einer »Affenschande« für das deutsche Volk. Aber selbst der damals sehr populäre Schriftsteller Paul Lindau, ein erklärter Wagner-Verächter, gab zu: »Wagner hat erreicht, was noch kein Künstler vor ihm auch nur anzustreben sich vermessen hätte. Bayreuth ist unzweifelhaft die stärkste individuelle Leistung, die zu denken ist.«

Bei aller Sensation der ersten Bayreuther Festspiele: sie endeten mit einem katastrophalen Defizit von 150.000 Mark, für das Wagner selbst aufzukommen hatte. Er zweifelte nun an seiner Festspielidee, die er für ein für allemal gescheitert hielt. Wagner zweifelte aber auch an den Deutschen und ihrem Verständnis für seine »Zukunftsmusik«. Er war zutiefst deprimiert. Cosima hat es in ihrem Tagebuch aufgeschrieben: »R. ist sehr traurig, sagt, er möchte sterben!«

Die meisten der anwesenden Aristokraten und Finanzmagnaten hatten keinen Finger für Wagner und die Finanzierung seiner Festspiele gekrümmt. Das allgemeine Publikum war achtlos abgereist. Auch mit der künstlerischen Ausführung war Wagner sehr unzufrieden, vor allem mit den naturalistischen Dekorationen, die den Blick auf das Revolutionäre des Werks verstellten. »Immer tiefere Einsicht in die Unvollkommenheit der Darstellung!…«, notiert Cosima am 28. Juli 1876 in ihr Tagebuch. Weiter heißt es da: »So weit wird die Ausführung vom Werk zurück bleiben, wie das Werk von unsrer Zeit fern ist!«. Auch über die allzu vordergründig-realistischen Bühnenkostüme des Professor Doepler mit ihren Tierhörnern, Fellen und Eisenrüstungen mokierte sich Wagner: »Die Costüme erinnern durchweg an Indianer-Häuptlinge und haben neben dem ethnographischen Unsinn noch den Stempel der Kleinen-Theater-Geschmacklosigkeit! Ich bin darüber trostlos«.

Der erste Bayreuther RING hatte trotz des zwiespältigen gesellschaftlichen Echos der ersten Bayreuther Festspiele, trotz überwiegend ablehnender Pressereaktionen und trotz des gewaltigen finanziellen Defizits positive Folgen. Viele der anwesenden Theaterintendanten hielten den RING außerhalb Bayreuths zwar technisch für unaufführbar. Dennoch wagte München bereits 1878 einen eigenen kompletten RING. Ein Jahr später wurde er zum ersten Mal in Wien aufgeführt. 1881 brachte der Theaterimpresario Angelo Neumann einen RING als Gastspielproduktion im Berliner Victoria-Theater heraus, die das Werk als »reisendes Wagner-Theater« auf vielen Tourneen in ganz Europa populär machte. In New York wurde der RING erstmals 1889 gespielt. In Paris kam der erste Zyklus 1911 heraus. Bis heute ist dieses Werk für jedes Opernhaus noch immer eine gewaltige technische, künstlerische und finanzielle Herausforderung. Deshalb wird es nur in Bayreuth regelmäßig in Neuproduktionen auf die Bühne gebracht.

NEUBEGINN

Sensationelle PARSIFAL-*Uraufführung 1882*
und materieller Erfolg der Festspiele

Richard Wagner hatte – allen Widerständen zum Trotz – sein Theater in Bayreuth geschaffen, und 1876 waren die ersten Festspiele über die Bühne gegangen, wenn auch mit technischen Pannen und auf nur mäßigem künstlerischen Niveau. Bei aller Sensation, die das Ereignis schon damals bei Publikum und Presse auslöste, hegte Wagner angesichts des großen finanziellen Defizits starke Zweifel, ob die Festspielidee tatsächlich auf Dauer realisierbar sei. Aus purer Geldnot entschloß er sich zu einer Konzerttournee.

In der Londoner Royal Albert Hall dirigierte er 1877, im Jahr nach den ersten Bayreuther Festspielen, acht Konzerte mit Ausschnitten aus der WALKÜRE und dem FLIEGENDEN HOLLÄNDER. London war im Wagner-Fieber! Der Höhepunkt der Ehren, die Wagner erwiesen wurden, war ein Empfang Queen Victorias auf Schloß Windsor am 17. Mai des Jahres 1877. Am Abend jenes Tages las Wagner einem kleinen Kreis von Freunden ein neues Projekt vor: die vollständige Urfassung des PARSIFAL-Textbuches. Er hatte es erst wenige Wochen zuvor, im April, geschrieben, nachdem er die Idee zu einem Parsifal-Drama schon seit 12 Jahren mit sich herumgetragen hatte. Wagners Lektüre des »Parzival«-Epos Wolframs von Eschenbach, die ihn auf den Gedanken eines PARSIFAL-Musikdramas gebracht hatte, lag indes noch länger zurück. Sie datiert ins Jahr 1845, in dem Wagner während einer Kur im böhmischen Marienbad auch die ersten Ideen zum LOHENGRIN und zu den MEISTERSINGERN faßte. Er hatte sich damals mit reichlich Reiselektüre, bestehend aus mittelalterlicher Literatur und philologischen Kommentaren, eingedeckt. Wie so oft im Leben Wagners sollten Jahre vergehen, bis die Idee zum konkreten Kunstplan und seiner Ausführung reifte.

Möglicherweise war es die (finanzielle) Erfolglosigkeit der ersten Bayreuther Festspiele, die Richard Wagner animierte, seine alte Absicht, einen Parsifal anzugehen, wieder aufzugreifen. Den Gedanken daran hatte er ja nie ganz aufgegeben. 1877 begann er fieberhaft, am PARSIFAL zu arbeiten. Unterbrochen wurde die Arbeit nur von diversen Italienreisen, die Wagner allerdings stimulierten. Am 13. Januar 1882 beendete Wagner die Partitur des PARSIFAL. Der Schott-Verlag bezahlte ihm kurz darauf ein für damalige Verhältnisse horrendes Honorar von 100.000 Mark. Auguste Renoir porträtierte Wagner in Palermo. Wagner war auf dem Höhepunkt seines Ruhmes, der nur durch den Erfolg des PARSIFAL noch gesteigert wurde. Selbst sein bis dahin schärfster – aber nicht ungerechtester – Kritiker, Eduard Hanslick, streckte gegenüber diesem Werk die Waffen.

Wagner selbst war in Vorausahnung künftiger PARSIFAL-Aufführungen äußerst skeptisch gewesen: schon die Kostüme im RING DES NIBELUNGEN waren ihm fast lächerlich vorgekommen. Wie sollten sie erst im PARSIFAL überzeugen? So erklärt sich auch seine Bemerkung: »Nachdem ich das unsichtbare Orchester geschaffen, möchte ich auch das unsichtbare Theater erfinden.«

Die zweiten Bayreuther Festspiele begannen am 26. Juli 1882. Im Gegensatz zu den ersten, sechs Jahre zuvor, waren die Vorstellungen nahezu alle ohne Fehl und Tadel. Wagner war schon mit der Besetzung sehr zufrieden: Hermann Winckelmann sang die Titelpartie, Amalie Materna die Kundry, Emil Scaria den Gurnemanz, Theodor Reichmann den Amfortas. Das war erste Wahl. Der Dirigent Hermann Levi dirigierte die Uraufführung, der Maler Paul von Joukowsky hatte die stimmungsvoll realistischen Bühnenbilder entworfen, die wiederum von Max und Gotthold Brückner ausgeführt worden waren. Die Blumenmädchenszenen spielten in üppigster tropischer Vegetation mit maurischen Anklängen. Der Gralstempel war dem Dom von Siena nachempfunden. Eine nie dagewesene Sensation der Bühnentechnik war die sich wie ein Film abspulende, auf lange Leinwandrollen gemalte »Wandeldekoration« während der Verwandlungsmusiken im ersten und dritten Akt.

Fast alle der vielen Komponisten, die nach Bayreuth angereist waren, waren zutiefst beeindruckt; darunter Franz Liszt und Anton Bruckner,

Bühnenbildentwurf zum 1. Akt der PARSIFAL-*Uraufführung*
von Paul von Joukowsky

Leo Delibes und Camille Saint-Saëns, aber auch der junge Gustav Mahler, um nur die wichtigsten zu nennen. Während der letzten Vorstellung der Uraufführungsserie am 29. August 1882 dirigierte Wagner vom 23. Takt der Verwandlungsmusik im dritten Akt an den PARSIFAL selbst zu Ende.

Nach der letzten PARSIFAL-Vorstellung der zweiten Bayreuther Festspiele nahm der Beifall kein Ende. Richard Wagner, der, wie gesagt, die letzte Szene des Werks selbst dirigiert hatte, war aus dem mystischen Abgrund des Bayreuther Orchestergrabens heraufgestiegen und hielt eine Rede, »daß alles zu weinen anfing«, wie Hermann Levi, der Dirigent der Uraufführung, berichtete. Wagner hatte endlich jene öffentliche Reputation erlangt, die er zeitlebens ersehnt hatte. Auch die Kritikerre-

18

Bühnenbildentwurf zum 2. Akt der PARSIFAL-*Uraufführung
von Paul von Joukowsky*

aktionen waren insgesamt höchst positiv. Man würdigte Wagners PARSI-
FAL als Höhepunkt seines Schaffens.

Auch finanziell waren die Festspiele ein Erfolg gewesen. Dank König
Ludwig, der die Kosten für Orchester und Chor übernommen hatte,
waren die Ausgaben auf ein Minimum geschrumpft. Es blieb ein ein-
träglicher Nettogewinn von 135.000 Mark übrig. Man hätte zuversicht-
lich an die nächsten Festspiele im kommenden Jahr denken können.
Aber Wagner schrieb Ludwig II. in einem Brief, er plane, noch ein Jahrzehnt hindurch seine anderen Opern auf die Bühne zu bringen, bis sein
Sohn Siegfried in dem Alter wäre, seine Nachfolge anzutreten. An seinen
Freund, den Impresario des reisenden Wagnertheaters, Angelo Neumann, schrieb er, niemand anderen könne er sich denken, in seine Fuß-

stapfen zu treten. Überhaupt sah er für die Zukunft der Festspiele schwarz. Daß seine Frau Cosima, die ihn um 47 Jahre überlebte, nach seinem Tod die Bayreuther Festspiele fortsetzen würde, hatte er weder für möglich noch für wünschenswert erachtet. Cosima gegenüber bezeichnete Wagner den Parsifal übrigens schon am 5. Januar 1882 als sein Meisterwerk, womit er ihm den Charakter eines künstlerischen Vermächtnisses zuschrieb. Der Parsifal wurde zu Richard Wagners »Weltabschiedswerk«. Seine beängstigenden Herzanfälle häuften sich. Schon am 14. September machte er sich, begleitet von seiner Familie, auf ins milde Venedig, aus dem er nicht mehr lebend zurückkehren sollte. Cosima hatte Wagner am 4. April 1882 erklärt, daß er sich dieses Werk für die höchste Reife erspart habe, und daß der Parsifal gewiß sein letztes Werk sein werde. Am 28. März 1881 hatte Wagner Cosima gegenüber den Parsifal auch seine »letzte Karte« genannt, quasi als Entgegnung auf den Rassenantisemiten Arthur Gobineau, der die Germanen als ›letzte Karte der Natur‹ bezeichnet hatte.

Der Parsifal ist tatsächlich Wagners ›letzte Karte‹ geblieben und das in mehrerer Hinsicht: Er ist vor allem persönlich-bekenntnishaftes Weltabschiedswerk im psychologischen Sinne. Es geht im Parsifal aber auch um den Gegensatz von heidnischer Sinnlichkeit und christlicher Askese, von Triebhaftigkeit und Triebverzicht, von Eros und Agape. Die Eigenkommentare Wagners lassen daran keinen Zweifel. Der Parsifal Richard Wagners ist sozusagen ein »Gegengift gegen den Willen«, um es mit Worten des Philosophen Arthur Schopenhauer zu formulieren. Und Wagner selbst hat sich immer wieder ausdrücklich auf Schopenhauer bezogen. Mit dem Parsifal schrieb Wagner vor allem ein Therapeutikum gegen den mächtigsten Trieb auch und gerade seiner eigenen Person, gegen Eros! Eben dieser erotische Konflikt macht die fin de siècle-hafte Faszination des Werks aus, aber auch das Unbehagen gegenüber einer pseudosakralen, in christliche Riten gekleideten Botschaft von der Erlösung der Welt durch Entsagung. Ironie des Schicksals, daß diese Entsagungsmedizin selbst beim seinerseits erlösungsbedürftigen Erotomanen Richard Wagner kaum eine Wirkung zu erzielen schien: Noch in seinen letzten Lebenstagen plante er offenbar in Venedig ein Abenteuer mit der Sängerin Carrie Pringle, die eines der Blumenmädchen im Parsifal darstellte. Darüber kam es möglicherweise am 13. Februar 1883 zum Streit mit Ehefrau Cosima, der Wagners tödlichen Herzanfall ausgelöst haben könnte.

Noch am Tage des Todes von Richard Wagner in Venedig verbreitete sich die Kunde dieses Ereignisses wie ein Lauffeuer durch die Welt, die sich erschüttert zeigte. König Ludwig II. von Bayern brach in großes Klagen aus. Giuseppe Verdi schrieb an seinen Verleger Ricordi: »Triste, triste, triste! Wagner è morto!« Bruckner komponierte gerade am Adagio seiner siebten Symphonie, als die Depesche aus Venedig eintraf. Unter Tränen löste er die große Trauerklage der Tuben in den friedvollen Dur-Schluß des Satzes auf, eine letzte Hommage an den von ihm so verehrten Kollegen.

Man brachte den Leichnam Richard Wagners per Zug nach Bayreuth. Zu »Siegfrieds Trauermarsch« wurde der Sarg an der Spitze eines langen Konduktes nach Wahnfried getragen und in die vorbereitete Gruft im Garten der Villa gesenkt. Was folgte ist Nachwelt, ist Wirkungsgeschichte Wagners.

Die Welt trauerte um Richard Wagner. Man wußte, wer da gestorben war. Eine Epoche der Operngeschichte war zu Ende gegangen. Nicht nur Freunde Wagners waren unter den Trauernden. Auch viele ehemalige Feinde oder solche, die zu Feinden und Gegenspielern erklärt wurden, kondolierten. Johannes Brahms zum Beispiel sandte einen Kranz, was in Bayreuth übrigens nur als Hohn und Spott gedeutet wurde. Und selbst der Wiener Musikkritiker Eduard Hanslick – weiß Gott alles andere als ein Wagnerianer – schrieb in seinem Nachruf: »Kein Musiker ist uns noch begegnet, so unfähig oder leidenschaftlich, die glänzende Begabung und erstaunliche Kunst Wagners zu verkennen, seinen enormen Einfluß zu unterschlagen, sich dem Großen und Genialen seiner Werke selbst bei eingestandener Antipathie zu verschließen.«

Am 22. Mai 1883, Wagner wäre siebzig Jahre alt geworden, drei Monate nach seinem Tod, schrieb Franz Liszt in Weimar noch einmal eine Trauerkomposition für seinen Freund und Schwiegersohn: »Am Grabe Richard Wagners« nannte er das Klavierstück. Einzelne Klangfolgen erinnern an Wagners PARSIFAL.

Bayreuth als Erbschaft und Tempel

*Cosimas Konservierung der Bayreuther Festspiele
nach Richard Wagners Tod 1883*

Nach großem finanziellen Mißerfolg waren die zweiten Festspiele 1882 mit der Uraufführung des Parsifal endlich der von Wagner erhoffte Durchbruch. Die Festspiele des Jahres 1883, nur wenige Monate nach seinem Tod, wurden zum Requiem für Richard Wagner. Parsifal und nichts anderes stand auf dem Programm. Cosima, die Witwe, hatte – entgegen aller Legenden von der in Trauer erstarrten Witwe – schon wenige Tage nach Wagners Tod entschieden, die Festspiele um keinen Preis zu gefährden, sondern zügig vorzubereiten. Sie ließ die Festspiele des Vorjahres einfach wiederholen. Mit Hermann Levi als Dirigent und im wesentlichen gleicher Besetzung wie im Vorjahr. 1884 gab es weitere Parsifal-Festspiele. Auf Anraten ihres juristischen und finanziellen Beraters Adolf v. Gross entschied Cosima, 1885 ein Pausenjahr einzulegen, um Ausgaben zu sparen. Die Erbschaftsangelegenheiten hatte sie bis ins Kleinste juristisch regeln lassen, denn Wagner hatte kein Testament hinterlassen. Cosima plante vier Jahre im voraus. Und sie war aller Skepsis der breiten Öffentlichkeit zum Trotz entschlossen, auch selbst Regie zu führen. Ihre erste Regiearbeit datiert ins Jahr 1886, in dem sie den Tristan zum ersten mal bei den Bayreuther Festspielen zeigte. Im wesentlichen kopierte sie die Inszenierung der Münchner Uraufführung von 1865. Sie ließ das Werk aber nicht von ihrem Ex-Ehemann, Hans von Bülow, dem Uraufführungsdirigenten und einem der führenden deutschen Dirigenten seiner Zeit, dirigieren, sondern vom Chefdirigenten der Karlsruher Hofoper, Felix Mottl, den sie in Bayreuth fortan als einen der Hausdirigenten installierte. Er dirigierte in Bayreuth bis ins Jahr 1903.

Cosima Wagner demonstrierte schon bei ihrer ersten Inszenierung

Cosima Wagner, Witwe & Gralshüterin

pedantische Buchstabentreue gegenüber Wagners Regieanweisungen, die für ihren Bayreuther Regiestil kennzeichnend werden sollte, ebenso wie die naturalistische Draperie des 19. Jahrhunderts, die Untertreibung alles Gestischen und die weihevolle Distanz ihrer Personenregie. Das stand übrigens ganz im Gegensatz zu Wagners Temperament und der von ihm gewünschten darstellerischen Drastik und Theatralik. Cosimas Devise lautete: »Wir haben mit der Oper gebrochen und sind verpflichtet, diesen Bruch auf das Schärfste kundzutun.«

Cosimas TRISTAN-Inszenierung wurde ein solider künstlerischer Erfolg. Sie hatte damit als neue Leiterin der Festspiele von 1886 sozusagen die Nagelprobe bestanden. Nur die Besucherzahlen waren keineswegs befriedigend. Sie lagen im Schnitt bei 960 verkauften Karten pro Vorstellung. Das Festspielhaus hat aber fast 2000 Plätze! Das Überleben der Festspiele stand auf dem Spiel. An eine Wiederholung im folgenden Jahr war nicht zu denken. Also pausierte man wieder. Inzwischen regelte ihr Rechts- und Finanzbeistand Adolf von Groß die Eigentumsrechte des RINGS und des PARSIFAL. Auf beide Werke hatte der Bayerische Staat Eigentumsrechte angemeldet. Doch Ludwig II. hatte Wagner, der ihm die Werke einst geschenkt hatte, seinerzeit eine Verzichtserklärung geschrieben. Man einigte sich auf einen Vergleich: Wagners Erben wurden zu Eigentümern des gesamten musikalischen Werks Wagners anerkannt und Bayreuth zum ausschließlichen Aufführungsort des Parsifal. Dafür gestand man München alle Rechte an den Jugendopern »Die Feen« und »Das Liebesverbot« zu. Die nächsten Festspiele fanden 1888 statt. Cosima inszenierte DIE MEISTERSINGER. Die Inszenierung Cosima Wagners wurde, nicht zuletzt dank Hans Richters Dirigat, ein beispielloser Erfolg. Der Beifall des Publikums und weiter Teile der Presse überschlug sich. Nun endlich schienen sich alle Zweifel am Überleben der Institution in Luft aufgelöst zu haben.

Die Festspiele des Jahres 1889 wurden musikalisch die strahlendsten überhaupt. Felix Mottl dirigierte den TRISTAN, Hans Richter die MEISTERSINGER und Hermann Levi den PARSIFAL. Bayreuth war nun das gesellschaftliche Ereignis schlechthin; es zog genau die modeorientierten Publikumsmassen, die Neureichen und den europäischen Hochadel an, die Wagner eigentlich ausschließen wollte. Aber Bayreuth war nicht nur chic und ein musikalisches Pilgerzentrum; die Anwesenheit des frischgekrönten Kaisers Wilhelm II. adelte die Bayreuther Festspiele geradezu zu einem Ereignis von nationaler Bedeutung. In einem Brief an Wilhelm Prinz von Preußen hatte Philip von Eulenburg am 6. Februar 1888 betont, »daß Bayreuth im Sommer und Berlin im Winter die Pflegestätte der deutsch-nationalen Musik sein muß. Darauf arbeiten Eure Königliche Hoheit hin, und darin werde ich allezeit nach Kräften sekundieren.«

Bereits am 18. September desselben Jahres hatte Eulenburg nach einem Besuch bei Cosima Wagner in sein Tagebuch notiert: »Ich stehe

Die Venusgrotte in Cosimas TANNHÄUSER-*Inszenierung von 1890*

auf dem Standpunkt, daß ich das deutsche Element Wagnerscher Musik, verkörpert in den feststehenden Festspielen zu Bayreuth, für eine Kräftigung des nationalen Bewußtseins halte. Deshalb ist es nicht nur politisch wichtig, die Festspiele zu erhalten, sondern sie zu fördern bedeutet auch eine deutsche Kulturaufgabe.«

Die prophetischen Worte des Philosophen und Kulturkritikers Friedrich Nietzsche hatten sich erfüllt: »Die Deutschen haben sich einen Wagner zurecht gemacht, den sie verehren können.«

Angesichts des finanziellen Erfolgs von 1889 wagte es Cosima im folgenden Jahr, erstmals den TANNHÄUSER in Bayreuth auf die Bühne zu bringen. Felix Mottl sollte ihn dirigieren. Sie scheute keine Mittel bei der Vorbereitung: Die Gebrüder Brückner hatten für sie eine bejubelte Bühnendekoration von üppigster Phantastik und mittelalterlicher Monumentalität kreiert. Unglaubliche Chor-, Statisterie- und Tänzermassen wurden engagiert. Sogar die berühmte Tänzerin Isodora Duncan trat im Bacchanale auf. Cosimas Losung lautete: »Wir müssen etwas kolossal Antikes in der ersten Szene zustande bringen und für den zweiten Teil die ganze Seele des Mittelalters vor uns haben.«

Der TANNHÄUSER, wie Cosima ihn inszenierte, handelte weniger vom modernen gesellschaftlichen Künstlerkonflikt und schon gar nicht von Wagners ureigenstem erotischen Konflikt, der auch Tannhäusers Konflikt war, als vom Gegensatz zwischen Venusberg und Wartburg, zwischen dionysischem Ethos und christlichem Geist des Mittelalters. Mit Cosima begann recht eigentlich die verfälschende Wagner-Idolisierung. Richard erschien ihr »als gewaltige Rettung des germanischen Geistes«, wie man schon am 10. September 1873 in ihrem Tagebuch lesen kann. Den PARSIFAL betrachtete sie als heiliges Werk eines neuen Christentums, dem sie missionarisch dienen zu müssen glaubte, wie sie dem Dirigenten Felix Mottl gegenüber am 16. August 1887 bekannte: »Auf unserem Hügel ist nun die feste Burg, da haben wir unseren teuren Heiland frei von allem Unwürdigen, welches eine traurige Menschheit ihm aufgebürdet. In diesem Gottes-Haus sind alle berufen, die nur wahrhaftig und notgedrungen sind.«

Dieser Brief Cosimas ist vor allem das Dokument einer Religionsgründung in Bayreuth, einer Religion, als deren Hohepriesterin sich Cosima empfand. Aus Dienst am Werk wurde bei Cosima Gottesdienst, der Kreis der Getreuen zur Gemeinde. Der kluge, Wagner und seinem Werk skeptisch entgegentretende Wiener Musikkritiker Eduard Hanslick nannte den Kreis der Wagner-Jünger um Cosima nicht zu Unrecht die »Betbruderschaft vom heiligen Richard«. Friedrich Nietzsche registrierte den Bayreuther Wagnerismus mit Abscheu. In seiner Schrift »Der Fall Wagner« schrieb er: »Die Jünglinge beten Wagner an ... Bayreuth reimt sich auf Kaltwasserheilanstalt.«

Einer der getreuesten Diener Cosimas war Hans von Wolzogen, der Herausgeber der Bayreuther Hauszeitschrift, der »Bayreuther Blätter«. Die »Bayreuther Blätter«, ursprünglich gedacht als Informationsorgan für die Mitglieder der Wagner-Patronats-Vereine, verkamen unter Cosimas Leitung zu einer erzkonservativen, nationalistischen, ja antisemitischen »Deutschen Zeitschrift im Geiste Richard Wagners«. Man muß hinzufügen: im vermeintlichen Geiste Richard Wagners. Wagner wurde von Cosima bzw. unter ihrer Aufsicht von den Autoren der Bayreuther Blätter zum Religionsgründer einer germanischen, antisemitischen, völkischen Ideologie idolisiert. So wurden die Autoren des Bayreuther Kreises zu den geistigen Wegbereitern des Nationalsozialismus. Bayreuth wurde zum Zentrum einer chauvinistischen, nationalistischen Ideologie. Was die Familie Krupp für die Rüstungsindustrie des deutschen Staates, war Bayreuth für die deutsche Kulturindustrie geworden.

1894 inszenierte Cosima Wagner erstmals in Bayreuth den LOHENGRIN. Sie zeigte die romantische Oper vor allem als das Drama des Zusammenpralls von Christen- und Heidentum. Und sie distanzierte sich von den inzwischen vorherrschenden deutschtümelnden Inszenierungen des Werks an den deutschen Opernhäusern.

Inzwischen kamen jährlich mehr Amerikaner, Briten und Franzosen zu den Festspielen. Das Publikum, aber auch die Künstler wurden immer internationaler. Bayreuth war eine Weltattraktion geworden. Das immerhin war Cosimas Verdienst. Sie hatte darüberhinaus eine Stilschule für Wagnersänger ins Leben gerufen und außerdem 1894 einen neuen RING in ganz neuen Bühnenbildern Max Brückners herausgebracht. Nach dieser Saison trat Hermann Levi aus gesundheitlichen Gründen als PARSIFAL-Dirigent zurück. Er wurde durch den Assistenten Karl Muck ersetzt. Auch Felix Mottl ging Bayreuth verloren, denn er hatte »Hochverrat« an Bayreuth begangen, indem er sich für die Sache des Münchner Richard Wagner-Festtheaters eingesetzt hatte, das dank Cosimas Initiative und der Gefälligkeit des Bayerischen Prinzregenten in Prinzregententheater umbenannt wurde. Es war eine Art Kopie und ein geplantes Konkurrenzunternehmen zum Bayreuther Festspielhaus.

Alles in allem war die Ära der von Cosima geleiteten Bayreuther Festspiele äußerst erfolgreich. Aber eine schwerwiegende Niederlage mußte Cosima hinnehmen. Gegen Ernst von Possart, der im Münchner Prinzregententheater PARSIFAL aufführen wollte, dessen Schutzrechte 1913 ausliefen, protestierte sie heftig und appellierte schon seit 1901 an den Deutschen Reichstag, diese Schutzrechte, also das, was wir heute Urheberrecht nennen, auszudehnen, um Bayreuth langfristig die alleinigen Aufführungsrechte zu sichern. Ihre Bemühungen blieben vergeblich. Schon 1903 führte die New Yorker Metropolitan Opera den PARSIFAL auf.

Dieser Gralsraub traf sie tief. Aber sie war machtlos. Da die Vereinigten Staaten von Amerika dem Berner Urheberrechtsabkommen nicht beigetreten waren, konnte man die Aufführung in den USA nicht verbieten.

Mit dem neuen Jahrhundert brachte Cosima erstmals den FLIEGENDEN HOLLÄNDER auf die Bühne des Bayreuther Festspielhauses. Ihr Sohn Siegfried sorgte für einen Triumph der Bühnen- und Beleuchtungstechnik. Anton van Rooy war der Holländer, die berühmte Emmy Destinn sang die Senta.

Im ersten Jahrzehnt des 20. Jahrhunderts blühte das Geschäft mit den Bayreuther Festspielen, und auch die Wagner-Dynastie blühte auf. Das Familienvermögen vervierfachte sich, man erwirtschaftete Milionenerträge. Inzwischen war auch Wagners Sohn Siegfried zum Dirigenten herangereift.

Cosimas letzte Inszenierung fand 1906 statt, noch einmal brachte sie den TRISTAN auf die Bühne. Es war ihre letzte Spielzeit. Herzattacken zwangen sie zum Rückzug vom Festspielgeschäft. 1907, sie stand bereits im 70sten Lebensjahr, übertrug sie ihrem inzwischen 38-jährigen Sohn Siegfried die Leitung der Festspiele. Zu diesem Zeitpunkt stand er bereits seit elf Jahren am Pult des Festspielorchesters. Aber er hatte sich auch andernorts als Dirigent und Dichterkomponist von Sagen- und Märchenopern einen Namen gemacht.

Bayreuths Öffnung zur Moderne

*Wagners Sohn Siegfried bringt ab 1907 frischen Wind
in die Festspiele.*

Seit 1907 war Siegfried Wagner von seiner Mutter, der als Festspielchefin scheidenden siebzigjährigen Cosima in die Pflicht genommen worden, die Richard-Wagner-Festspiele im Sinne Richards und Cosimas als Alleinverantwortlicher fortzusetzen. Er mauserte sich im Laufe der Jahre zu einem respektierten, wenn auch nicht unumstrittenen Dirigenten, Regisseur und Leiter der Bayreuther Festspiele. Daß er außerdem ein nicht uninteressanter Komponist satirischer Märchenopern war, die mit mehr oder weniger Erfolg im In- und Ausland aufgeführt wurden, spielte für ihn stets nur eine Nebenrolle. Wer Bayreuth verpflichtet ist, dient Richard Wagner, und sonst gar niemandem. Das ist noch heute so.

In den ersten Jahren seiner Ära wahrte er Kontinuität. Alles ging seinen Gang, als ob es keinen Wechsel gegeben hätte. Aber allmählich sah Siegfried ein, daß Bayreuth hinter der zeitgenössischen Entwicklung des Theaters her hinkte, und er öffnete das Traditionsunternehmen für Modernisierungen. Er setzte auf die neue Elektrizität, auf moderne Beleuchtung und Lichtregie, er sah die Notwendigkeit bühnenbildnerischer Abweichungen von tradierten Bayreuther Gepflogenheiten ein, und er lockerte auch das strenge Regiment, das lange Jahre von seiner Mutter, der unantastbaren Cosima, ausging.

Die warme, familiäre Atmosphäre dieses Bayreuther Umbruchs kommt in den Erinnerungen der Sängerin Anna Bahr-Mildenburg aus dem Jahre 1911 sehr deutlich zum Ausdruck: »Punkt neun Uhr kommt Siegfried Wagner angefahren. Er trägt meistens Kniehosen und gelbe Strümpfe, tritt morgenfrisch gelaunt gleich mitten unter die Künstler, begrüßt jeden mit irgendeinem netten, lustigen Wort, steht vor dem Tor, bis er plötzlich auf die Uhr sieht und »Nun Kinder, s'ist Zeit, kommt,

kommt!«, über den Platz ruft, energisch in die Hände klatscht und unter seinem Vortritt dann die ganze Versammlung ins Festspielhaus zieht. Und nun kann man da oben Siegfried in seinem Element beobachten und bewundern! Er ist der geborene Regisseur, unermüdlich in seinem Eifer, unerschöpflich in seiner Energie. Er verliert nie die Geduld. Kein Nachlassen der Aufmerksamkeit, keine Zerstreutheit, keine Halbheit duldet er, er fordert von jedem, daß er sein Bestes gebe, und dieser unerbittlichen Strenge, zusammen mit einer ungemein liebenswürdigen Art, Menschen zu nehmen und zu leiten, gelingt es, sie in seine Zwecke und Ziele zu fügen.«

In den Jahren bis 1914 brachte Siegfried drei neue Inszenierungen heraus, zunächst einen LOHENGRIN im Jahre 1908, in dem er zum ersten Male den Rundhorizont auf der Bayreuther Bühne einführte und mit starken farblichen Akzenten den bis dahin vorherrschenden gedämpften Farben den Kampf ansagte; und er widmete sehr viel Aufmerksamkeit dem Choreographischen. Schon in seinem FLIEGENDEN HOLLÄNDER von 1901 beeindruckte seine markante Personen- und Gruppenregie. Mit den MEISTERSINGERN errang er im Jahre 1911 einen Triumph, der die Presse jubeln ließ, er sei einer der besten Regisseure des modernen Musiktheaters. Einige Enthusiasten verglichen ihn sogar mit dem Theatergenie Max Reinhardt; die Frankfurter Zeitung ging soweit, ihn als »größten Inszenierungskünstler seiner Tage« zu bezeichnen. Mit diesen MEISTERSINGERN gab der dirigentische Kempe der ersten Bayreuther Stunde, Hans Richter, seinen Abschied. Einer der neuen, von Siegfried engagierten und protegierten Bayreuther Dirigenten war Karl Muck, ehemals Assistent bei Cosima, der ohne Wenn und Aber zu Bayreuth stand. Denn trotz aller Neuerungen: die Cosimaschen ideologischen Standpunkte Bayreuths hatte Siegfried bei all seiner Toleranz und Menschlichkeit in seiner Gutmütigkeit nie wirklich in Frage gestellt.

Bayreuth war in den Jahren vor dem ersten Weltkrieg ein Pilgerzentrum für das kunstbeflissene Großbürgertum, den europäischen Adel, die Kulturschaffenden und für sensationshungrige Gäste aus ganz Europa und Übersee. Im Jahre 1913, als das Schutzrecht für PARSIFAL auslief, also das, was wir heute Urheberrechtsschutz nennen, entfachte sich auf geradezu hysterische Weise eine nationalistische, ja rassistische Diskussion um Bayreuth und das vermeintliche »Deutschtum«, das mit den Bay-

Arturo Toscanini und Siegfried Wagner

reuther Festspielen identifiziert wurde, seit die Autoren ihrer Hauszeitschrift, der »Bayreuther Blätter«, das Wagnererbe den Kräften der
konservativen Revolution ausgeliefert hatten. Bayreuth und die Musik
Wagners wurden besetzt mit Begriffen wie »Herrenvolk«, »Germanen-
tum« oder »deutsch und weihevoll«. Komitees zum »Parsifal-Schutz«
versuchten, den Deutschen Reichstag zu einer Erweiterung des Werk-
Schutzes zu bewegen. Sogar die Komponisten Richard Strauss, Engelbert

Humperdinck, Gustave Charpentier, Giacomo Puccini und der Dirigent Arturo Toscanini unterschrieben eine Petition an den Deutschen Reichstag zur Verlängerung des Rechts auf eine ausschließliche Aufführung des Parsifal in Bayreuth. Es war vergeblich!

In den letzten Jahren vor dem Ersten Weltkrieg ließen sich weite Kreise der Musikwelt von der ideologischen Stimmung der Konservativen, ja Nationalisten gleichschalten. Autoren wie beispielsweise Leopold von Schröder, der 1911 ein Buch über »Die Vollendung des arischen Mysteriums in Bayreuth« veröffentlichte, boten den nationalistischen Wagnerianern Futter und bereiteten auf breiter Front eine rechtsnationale Wagnervereinnahmung vor, deren Drachensaat einige Jahre später aufs Furchtbarste aufgehen sollte.

Der Ausbruch des ersten Weltkrieges 1914 unterbrach die Bayreuther Festspiele und löste eine ernstzunehmende Krise des Familienunternehmens aus. Schon vorher war es allerdings zu familiären Eklats gekommen. Die Cosima-Tochter Isolde, verheiratete Beidler, klagte um ihre Anerkennung als Kind Richard Wagners mitsamt den sich daraus ergebenden Rechten. Siegfried Wagner hatte alle Hände voll zu tun, den wegen seiner Homosexualität einsetzenden Erpressungen auf juristischem und finanziellem Wege Widerstand zu leisten. 1914 kündigte er, wohl angesichts des Beidler-Prozesses und der Bedrohung durch einen Erpressungsskandal, überraschend an, er werde das gesamte Wagnererbe, also das Festspielhaus, die für den Betrieb nötigen Gelder, Wagners Villa Wahnfried und das Wagner-Archiv in eine »Richard-Wagner-Stiftung des deutschen Volkes« umwandeln. Der Krieg verhinderte die Verwirklichung dieses Vorhabens. 1914 war es auch, als Siegfried der achtzehnjährigen Winifred Williams vorgestellt wurde, einer gebürtigen Engländerin und Waise, die von dem Pianisten Karl Klindworth, einem engen Freund Cosimas und Richard Wagners, adoptiert worden war. Winifred war von Kindheit an im Geiste Richard Wagners aufgewachsen und bot sich zur Stärkung der prekären Lage Siegfrieds als Ehegattin und Bayreuther First Lady geradezu an. Schon 1915 heiratete sie Siegfried Wagner. Aus ihrer Ehe entsprangen vier Kinder: Verena, Wolfgang, Wieland und Friedelind.

Aus der wirtschaftlichen Not und der katastrophalen Inflation, die dem Krieg folgten, gingen die Bayreuther Festspiele bankrott hervor. Um

Siegfrieds Venusgrotte (Europa mit dem Stier) 1930

Wahnfried und seine Familie zu erhalten, begab sich Siegfried permanent auf Konzertreisen. Erst 1921 konnte man wieder daran denken, die Festspiele aufleben zu lassen. In diesem Jahr gründeten die Wagner-Vereine zur Unterstützung Bayreuths eine »Deutsche Festspielstiftung Bayreuth«. Auch Spendenaufrufe mit nationalem Appell und Konzert- und Sponsoren-Werbereisen in den USA sorgten dafür, daß man 1924 die Bayreuther Festspiele wieder eröffnen konnte.

Die Wiedereröffnung mit den »Meistersingern von Nürnberg« geriet zu einer Demonstration völkisch-nationaler Besuchergruppen, die bei der Schlußansprache des Hans Sachs aufstanden und nach dessen letztem Takt das Deutschlandlied anstimmten.

Schon im Wilhelminischen Reich hatte die Wagnerfamilie (nach Wagners Tod wohlgemerkt) weit rechts gestanden. Siegfrieds Ehefrau

Winifred sollte noch einen entscheidenden Schritt weiter gehen. Sie war schon seit 1923 eine fanatische Anhängerin Adolf Hitlers, als sie ihm zum ersten Male begegnete. Doch darüber später mehr.

Die MEISTERSINGER-Premiere im Jahre 1924 machte eines deutlich: Bayreuth hatte aus Ästhetik Politik werden lassen. Wagner war von den Sympathisanten der nach dem gescheiterten Münchner Putschversuch Hitlers verbotenen nationalsozialistischen Partei zum »Führer der deutschen Kunst« erklärt worden, zum musikalischen Idol des Nationalsozialismus und musikalischen Bollwerk gegen die Juden. Die liberale Presse und ausländische Besucher waren entsetzt davon. Als Siegfried Wagner das begriff, verbot er ab sofort jede politische Kundgebung und jede offene Verbindung der Bayreuther Festspiele mit dem Nationalsozialismus. Doch er konnte das Steuer der Vereinnahmung Bayreuths nicht mehr herumreißen. Spätestens seit der spätere NS-Ideologe Alfred Rosenberg den »Kampfbund für deutsche Kultur« ins Leben gerufen hatte, war Bayreuth eine Säule nationalsozialistischer Kulturpolitik geworden, und der Name Richard Wagner erhielt politische Brisanz. Siegfried begriff die Ernsthaftigkeit dessen wohl nicht wirklich und schwankte zwischen instinktivem, anerzogenem Nationalismus und großer persönlicher Toleranz und Weltoffenheit.

Er war im Gegensatz zu seiner sehr realistischen und energischen Gattin eine eher labile Künstlernatur. Widersprüche und Kompromisse kennzeichneten auch seinen Bayreuther Führungsstil. Obwohl Siegfried weiterhin ausländische und jüdische Sänger in Bayreuth engagierte, ließ er doch beispielsweise Dirigenten wie Otto Klemperer, Bruno Walter, Leo Blech, Erich Kleiber oder Willem Mengelberg nicht auf dem Grünen Hügel dirigieren.

Er polierte den RING schrittweise auf, setzte nach und nach die alten, gemalten Kulissen ab und ersetzte sie durch plastische Felsformationen; auch in der Uraufführungsdekoration des PARSIFAL ersetzte er einzelne Bilder, so daß diese Inszenierung wie ein Stilmischmasch daherkam. Den TRISTAN von 1927 entrümpelte er immerhin zugunsten schlichter Bühnenbilder und einer hellen Lichtregie. Kurt Söhnlein war der Leibausstatter Siegfried Wagners und verwirklichte gemeinsam mit ihm in Bayreuth eine Art stilisierten, poetischen Realismus.

Siegfried band auch eine ganze Reihe großer Sänger aus aller Herren

Länder an Bayreuth. Zu nennen sind Namen wie Alexander Kipnis, Friedrich Schorr, Emanuel List, Nanny Larsén-Todsen und Lauritz Melchior. Dessen Siegmund mit den geradezu atemberaubend langen Wälse-Rufen, wie sie länger nie aufgezeichnet wurden, setzte neue Maßstäbe, die bis heute nicht überboten wurden.

Am Ende seines Lebens gelang Siegfried Wagner eine geradezu sensationelle Produktion: Er engagierte im Jahre 1930 für einen neuen TANNHÄUSER den politisch untadeligen, liberalen Dirigenten Arturo Toscanini. Mit seinem Engagement in Bayreuth bot er allen Rechten und Faschisten offen die Stirn; es war ein Bekenntnis zu einer modernen, unkonventionellen Wagnerlesart und sorgte für Aufregung im Festspielbetrieb. Sowohl Fritz Buschs weithin gerühmte MEISTERSINGER von 1924 und Karl Mucks vielgepriesener PARSIFAL wurden von Arturo Toscaninis feurig-unerbittlichem TANNHÄUSER, der einen Meilenstein der Interpretationsgeschichte des Werks bildete, noch überboten. Unterstützt wurde er durch die wohl bemerkenswerteste Regiearbeit Siegfrieds.

Das Engagement Toscaninis stellte alles bisher von Siegfried künstlerisch Initiierte in den Schatten. Bis dahin hatte es eine musikalisch derart präzise und analytisch geschärfte, aber auch inszenatorisch so stimmige Produktion auf dem Grünen Hügel nicht gegeben. Aber es war wohl auch ein Akt von politischem Widerstand, den als Antifaschisten und Zerstörer althergebrachter Traditionen und Aufführungsverkrustungen bekannten italienischen Dirigenten einzuladen. Vielleicht hatte Siegfried am Ende seines Lebens das Damoklesschwert, das über Bayreuth schwebte, doch erkannt.

Während einer Konzerttournee in England im Januar 1930 erlitt er einen leichten Herzanfall; am 4. August des Jahres verstarb er während der Proben zum TANNHÄUSER nach einer erneuten Herzattacke, nur vier Monate übrigens nach Cosimas Tod. Die Premiere seines größten Erfolgs, jener TANNHÄUSER-Inszenierung, die Arturo Toscanini dirigierte, erlebte er nicht mehr.

Die Stunde der Schwiegertochter

1930 sterben Cosima und Siegfried Wagner.
Seine Gattin Winifred wird Chefin am Grünen Hügel.

Arturo Toscaninis Tannhäuser- und Tristan-Dirigate im Jahre 1931 waren der eindeutige Höhepunkt der Bayreuther Festspielgeschichte im ersten Drittel des zwanzigsten Jahrhunderts. Siegfried Wagner hatte Toscanini noch kurz vor seinem Tod eingeladen, am Grünen Hügel zu dirigieren, allen Konservativen und Nationalisten zum Trotz. Er beeindruckte mit einer aufrüttelnd neuen, kristallklaren und von allem Bayreuther Traditionspathos entstaubten Wagnerlesart aus dem Geist der Moderne. Daß kaum ein Jahr nach Siegfrieds frühem Tod im Jahre 1930 seine Witwe Winifred, die sich sofort zur engagierten Festspielleiterin mauserte, ausgerechnet Toscanini verlieren sollte, den damals wohl gefeiertsten Dirigenten der Welt, gehörte zu ihren größten Mißerfolgen.

Winifred, die zwar testamentarisch alle Macht in Bayreuth in Händen hielt, wie schon vor ihr Cosima, verfügte allerdings weder über Kenntnisse aus des Meisters erster Hand, noch über fachliche Kompetenz. Sie war gezwungen, sich sofort nach Siegfrieds Tod Berater zur Seite zu nehmen. Zu ihrer rechten Hand wählte sie als künstlerischen Leiter und Regisseur den Berliner Generalintendanten und Dirigenten Heinz Tietjen, der als Theatermann eine unantastbare Autorität war, als Zeitgenosse und Persönlichkeit jedoch den Ruf eines schillernden Intriganten genoß. Besonders schwer für Winifred war die Auswahl der Dirigenten. Zwar waltete im ersten Jahr nach Siegfrieds Tod noch das Duo Toscanini (der übrigens ehrenamtlich in Bayreuth dirigierte) und Furtwängler, zwei der berühmtesten Dirigenten Mitteleuropas. Doch deren Rivalität und künstlerische Gegensätze erwiesen sich als unvereinbar, zumal dieser Dreierkonstellation durch den eitlen Tietjen noch einige Sprengkraft zugeführt wurde. Winifred gelang es nicht, Furtwänglers musikalische

Allmachtsansprüche und Toscaninis Willen zur Entschlackung, zu Präzision und Optimierung des musikalischen Niveaus in Bayreuth unter einen Hut zu bringen. Als sie gar noch mit Hitler paktierte, der 1933 an die Macht kam, weigerte sich Toscanini, jemals wieder den Fuß nach Bayreuth zu setzen. Sein Abschied von Bayreuth war verbittert. An Winifred schrieb er: »Ich verlasse Bayreuth, angewidert und erbittert. Ich kam dorthin mit dem Gefühl, mich einem wahren Heiligtum zu nähern und ich verließ ein banales Theater.«

Winifred Wagner konnte sich mit dem Verlust des Dirigenten Arturo Toscanini nie abfinden. Sie unternahm viel, ihn zurückzugewinnen, umsonst. Der Imageverlust, den bedeutendsten Dirigenten in Bayreuth nicht halten zu können, war groß. Ihre Gegner triumphierten. Sie hatte es übrigens nie einfach gehabt in Bayreuth; schon als junge Braut muß ihr Wahnfried furchterregend vorgekommen sein. Die Wagner-Villa war ein Museum, in dem kein Stuhl verrückt werden durfte, alles stand so wie zu des Meisters Ableben. Das Leben darin folgte einem strengen Ritual. Cosima, die Wagner-Witwe wurde verehrt wie eine Reliquie. Auch die übrigen im Hause Wahnfried lebenden Familienangehörigen machten ihr seit Jahren das Leben schwer. Die Wagnerfamilie war seit Cosimas Zeiten ein in sich verfeindeter, höchst kapriziöser Clan.

Daß sich Winifred, als sie in Bayreuth an die Macht kam, von den familiären Zwängen und Bevormundungen, denen sie seit Jahren ausgesetzt war, mit einem Schlag befreien wollte, ist verständlich. Doch sie war überfordert, denn sie war 1930 ja gewissermaßen ins kalte Wasser geworfen worden, als innerhalb von wenigen Monaten ihr Gatte Siegfried, der Sohn Wagners, und seine Mutter, Cosima, gestorben waren. Neid und Mißgunst sowie der Mangel an professioneller Legitimität machten ihr das Leben weiterhin schwer.

In Adolf Hitler erhoffte sich Winifred gewissermaßen einen Lohengrin, eine Art Lichtgestalt und Beschützer Bayreuths. Hitler kam erstmals am 30. September 1923 nach Bayreuth. Bereits am nächsten Tag besuchte er den Kulturphilosophen und Schriftsteller Houston Stewart Chamberlain, der mit einer der Töchter Cosimas verheiratet war. Durch dessen Vermittlung wurde ihm bereits am darauffolgenden Tag Audienz bei Winifred Wagner gewährt. Chamberlain war entzückt von Hitler. Er hielt ihn für die Hoffnung Deutschlands. Schon wenige Tage nach dessen

Besuch schrieb Chamberlain an Hitler: »Mein Glauben an das Deutschtum hat nicht einen Augenblick gewankt, jedoch hatte mein Hoffen – ich gestehe es – eine tiefe Ebbe erreicht. Sie haben den Zustand meiner Seele mit einem Schlage umgewandelt. Daß Deutschland in der Stunde seiner höchsten Not sich einen Hitler gebiert, das bezeugt sein Lebendigsein«.

Auch Winifred Wagner war begeistert von Adolf Hitler. Bereits wenige Wochen nach ihrem ersten persönlichen Kontakt mit ihm, fünf Tage nach dem Putschversuch Hitlers am 9. November 1923, veröffentlichte sie in der »Oberfränkischen Zeitung« einen »Offenen Brief«, in dem es heißt: »Seit Jahren verfolgen wir mit größter innerer Anteilnahme und Zustimmung die aufbauende Arbeit Adolf Hitlers, dieses deutschen Mannes, der, von heißer Liebe zu seinem Vaterlande erfüllt, sein Leben seiner Idee eines geläuterten, einigen, nationalen Großdeutschland zum Opfer bringt. Seine Persönlichkeit hat wie auf jeden, der mit ihm in Berührung kommt, auch auf uns einen tiefen, ergreifenden Eindruck gemacht, und wir haben begriffen, wie ein solch schlichter, körperlich zarter Mensch eine solche Macht auszuüben fähig ist. Diese Macht ist begründet in der moralischen Kraft und Reinheit dieses Menschen, der restlos eintritt und aufgeht für eine Idee, die er als richtig erkannt hat, die er mit der Inbrunst und Demut einer göttlichen Bestimmung zu verwirklichen versucht«.

Die Allianz Bayreuth – Hitler war geschlossen. Ein Triumph Hitlers und der Wagnerfamilie. Winifred Wagner machte sich ganz bewußt zum Steigbügelhalter für Hitler und den Nationalsozialismus. Mit seiner Machtübernahme 1933 erfüllte sich ihr persönlicher Wunsch. Der Historiker Ernst Hanisch hatte ganz recht, als er schrieb: »Es war die Sehnsucht vieler Bayreuther. Wie die Großwirtschaft Hitler finanziell unterstützte, so half ihm Bayreuth ideologisch: indem es ihn bürgerlich respektabel machte.«

Alljährlich während der Festspielzeit weilte Adolf Hitler in Bayreuth, von 1933 bis 1939 jeden Sommer. Ab 1936 wohnte er sogar als Winifreds Gast in der Villa Wahnfried. Der persönliche Kontakt zwischen Winifred und Hitler intensivierte sich. Es ist erlaubt, in Winifreds persönlicher Beziehung zu Adolf Hitler mehr als nur geschäftliches Kalkül zu sehen. Nicht ohne Grund setzte ihr Gatte Siegfried, dem das zunehmende Inter-

Winifred Wagner

esse Winifreds an Adolf Hitler nicht unbemerkt geblieben ist, am 8. März 1930, kurz vor seinem Tod, ein gemeinschaftliches Testament auf, das wohl tatsächlich, um mit dem Siegfried-Biographen Peter Pachl zu reden, »in erster Linie eine mögliche Heirat zwischen Winifred und Adolf Hitler ausschließen« sollte.

Neben der rein taktischen Überlegung, durch den Schulterschluß mit Bayreuth bürgerliche Reputation zu erlangen, war Hitler zweifellos beseelt von einer inbrünstigen Wagner-Schwärmerei. Hitler hatte gegenüber Wagner eine äußerst selektive Wahrnehmung an den Tag gelegt. Wie noch heute viele konservative Wagnerianer, so sah auch Hitler in Wagner nur den schwülstig-bombastischen Verherrlicher eines Teutonentums, den erhebenden Instrumentator des altgermanischen Mythos, den musiktheatralischen Illustrator der mittelalterlichen Sage. Welches Mißverständnis!

Durch die Wagnerverehrung Hitlers, die übrigens keineswegs von vielen Nationalsozialisten geteilt wurde, blieb Bayreuth immerhin vor der Gleichschaltung bewahrt, der ansonsten nahezu alle Kultureinrichtungen ausgeliefert waren. Winifred konnte künstlerisch und personell nach Belieben schalten und walten, unangefochten von ignoranten Nazi-Bürokraten und Kunstbanausen. Hitlers persönliche Zuneigung zu Winifred, die ihm schon seit 1923 die Treue hielt, rettete ihre künstlerische Entscheidungsfreiheit, also auch die Freiheit in der Wahl der Sänger, Dirigenten und Bühnenbildner. Sogar den genialen Bühnenbildner Emil Preetorius, ein Protegé Bruno Walters und enger Freund Thomas Manns, der ein aktives, kämpferisches Mitglied des »Vereins zur Abwehr des Antisemitismus« und den Nazis verhaßt war, konnte sie in Bayreuth halten. Seine Dekorationen des RINGS, des LOHENGRIN und des TRISTAN gehören zu den bedeutendsten der Bayreuther Festspielgeschichte. Was er in seinem Buch »Bild und Vision« schrieb, ist bis heute bedenkenswert: »Wenn irgendwo auf der Welt, dann muß in Bayreuth Wagners Werk so verwirklicht werden, wie sein Schöpfer es sich gedacht hat. Der Kern dieses Problems ist, zwei Forderungen zu vereinen, die begrifflich sich widersprechen: Symbol und Illusion, Traum und Wirklichkeit, innere Sicht und äußere Natur«

So erfolgreich die Ausstattungen und Inszenierungen Bayreuths unter der Leitung Winifred Wagners ausfielen, so schwierig war das Dirigentenproblem zu lösen. Nach dem Weggang Toscaninis, ließ auch Furtwängler Winifred zunächst im Stich, bevor ihn Hitler als seinen Lieblingsdirigenten 1936 zurück ans Bayreuther Pult holte. Nur Victor de Sabata war als einziger ausländischer Dirigent und nur einmal, 1939, bereit, in Bayreuth aufzutreten. Die meisten der bedeutenden Dirigenten hatten Deutschland verlassen, waren ins Exil geflohen oder von den Nationalsozialisten aus dem Land gejagt worden: Das gilt sogar für so Prominente wie Bruno Walter, Fritz Busch, Otto Klemperer, Leo Blech und Erich Kleiber, von den Legionen der weniger bekannten, gleichwohl hochbegabten Künstler ganz zu schweigen. Die Nazifizierung Deutschlands bedeutete auch für Bayreuth einen unabsehbaren künstlerischen Kahlschlag. Man mußte sich fortan mit Mittelmaß bescheiden: Tietjen wurde Chefdirigent, ihm assistierten Karl Elmendorff und Franz von Hoeßlin, beide nazitreue und bayreuthergebene Kapellmeister.

Zwar säumten damals Hakenkreuzfahnen, NS-Statisten und -Truppen die Bayreuther Auffahrt zum Grünen Hügel, aber auf der Festspielbühne verbot Winifred jedes Parteiabzeichen, jedes Hakenkreuz, und auch das Singen des Horst-Wessel-Liedes, der heimlichen Nationalhymne der Nationalsozialisten, die ansonsten landauf, landab in den Opernhäusern und Konzertsälen gesungen wurde. Selbst ein Herbert von Karajan scheute davor nicht zurück.

Anders, wie gesagt, in Bayreuth! Es blieb künstlerisch autonom und sonnte sich trotz der genannten Dirigentenprobleme in beispiellosem Ruhme. Vor allem sängerisch bot es trotz Abwanderung und Flucht vieler bedeutender Sänger noch immer Hochkarätiges. Vor allem an Wagner-Tenören mangelte es Bayreuth nicht. Franz Völker, Set Svanholm, Helge Rosvaenge und Max Lorenz waren Tenöre, wie man sie sich heute in Bayreuth nur noch erträumt. Aber auch an Sopranistinnen und Mezzosopranistinnen war kein Mangel: Frida Leider wurde von Nanny Larsén-Todsen als Brünnhilde, Isolde und Kundry ersetzt; Maria Müller sang die Rollen Evas, Sieglindes, Elisabeths und Sentas; Margarethe Klose wurde die neue Fricka, Waltraute und Erda. Was die tiefen Männerstimmen angeht, sei Rudolf Bockelmann genannt, der Friedrich Schorr als Wotan, Sachs und Holländer ersetzte.

Rudolf Bockelmann war neben Josef von Manowarda, obgleich im Gegensatz zu diesem kein Nazi, einer der beiden führenden Wagnerbässe Bayreuths im Dritten Reich. Daß Winifred Wagner das sängerische Niveau Bayreuths hochhalten konnte, gehört ebenso zu ihren unbestreitbaren Verdiensten wie die Öffnung des Bayreuther Wagnerarchivs für objektive Wagnerforschung, auch wenn der 1932 dafür eingestellte Otto Strobel nicht eben der unbestechlichste Mann war.

Das größte Verdienst Winifreds und ihres Teams Tietjen und Preetorius, war es vor allem, Bayreuth endgültig aus dem Geist und der Bühnenästhetik des neunzehnten Jahrhunderts befreit und ins zwanzigste hineingestoßen zu haben.

Öffentlich erklärte Winifred schon 1931, daß Wagners Partituren verschiedene Interpretationen zuließen. Ein Sakrileg im Bayreuth ihrer Vorgänger! Und Winifred öffnete das Festspielhaus in bis dahin nicht dagewesener Weise für die internationale Presse.

Daß ihr Paktieren mit Hitler indes den Anfang vom Ende der so einzigartigen Bayreuther Festspiele bilden sollte, daß sie die nationalsozialistische Unterwanderung der Bayreuther Festspiele ermöglichte, indem sie dem ideologischen Mißbrauch Bayreuths und Wagners durch Hitler Tür und Tor geöffnet hatte, begriff sie ebensowenig wie Wotan seinen Triumph am Ende des RHEINGOLDS, ein Triumph, der schon den Keim des Untergangs in sich trägt, wie er dann in der GÖTTERDÄMMERUNG Ereignis wird.

1937 dirigierte Wilhelm Furtwängler in Bayreuth eine glanzvolle »Götterdämmerung«, in der die unvergleichliche Sängerin Frieda Leider noch einmal die Brünnhilde gab; es war ihr vorletztes Jahr in Bayreuth. Auch sie wurde von den Nationalsozialisten aus dem Land getrieben.

Bayreuth im Dritten Reich

Winifreds Anbiederung an Hitler – Hitlers Wagner-Mißbrauch

Längst war der Grüne Hügel des Bayreuther Festspielhauses zum Schauplatz von Parteiprominenz und Hakenkreuz-Fahnenwäldern geworden. Die Meistersinger waren inzwischen auch die reichsoffizielle Repräsentationsoper der Nationalsozialisten, spätestens seit der Reichspropagandaminister Joseph Goebbels am 13. März 1933 an der Berliner Staatsoper die feierliche Eröffnung des neuen Reichstages mit einer Galaaufführung der Meistersinger geadelt und das Werk, ausgerechnet Wagners demokratischste Oper, zur heimlichen Nazihymne umgemünzt hatte.

Für Siegfried Wagners Ehefrau Winifred, die Schwiegertochter Richard Wagners und Leiterin der Festspiele nach Siegfrieds Tod im Jahre 1930, war der Wagnerismus Hitlers, auch wenn er im Grunde Falschmünzerei war, oder anders gesagt, eine Verfälschung des eigentlichen Wagner, willkommene Schützenhilfe. Seit dem Ende des ersten Weltkriegs sah die materielle Situation der Bayreuther Festspiele keineswegs rosig aus. Gleichwohl lief die Propagandamaschinerie in Sachen Wagner auf vollen Touren. Adolf Hitler stellte die Bayreuther Festspiele unter seinen persönlichen Schutz und sorgte für beträchtliche Unterstützungsmaßnahmen. Seit 1933 erhielt Bayreuth für jede Neuinszenierung zusätzlich 50.000 – 100.000 Mark, das Reichspropagandaministerium kaufte jährlich etwa ein Drittel der Karten.

Im Januar 1933 waren die Nationalsozialisten an die Macht gekommen. Binnen weniger Wochen wurden die Opernhäuser und Konzertsäle von Parteigenossen geführt. Kultur wurde gleichgeschaltet und zu einem Propagandamittel, ja einer »Waffe« des Staates umfunktioniert. Richard Wagner wurde zum größten Helden des neuen Dritten Reiches erklärt; passenderweise fiel sein fünfzigster Todestag ins Jahr 1933. Hitler nützte die Gelegenheit, in Leipzig eine grandiose Gedenkzeremonie zu inszenieren. Schon zwei Wochen, nachdem er Kanzler geworden war, hatte er sich Wagner angeeignet und ihn zum Propagandamittel seiner Politik herabgewürdigt.

Schon von den völkischen Wagnerianern im Umkreis der Wagnerwitwe Cosima war Wagner biographisch verklärt und politisch vereinnahmt worden. Er wurde zum Religionsgründer eines germanischen, antisemitischen, völkischen Christen- und Deutschtums idolisiert. Damit machten sich die Autoren des Bayreuther Kreises zu den geistigen Wegbereitern des Nationalsozialismus. Einer der maßgeblichen Vermittler dieses nationalistisch-antisemitischen Wagnerbildes war der Kulturkritiker englischer Abstammung Houston Steward Chamberlain, der Wagners Tochter Eva 1908 geheiratet und damit als Schwiegersohn des toten Wagner unmittelbaren Zugang zum Wagnerclan erhalten hatte. Er wurde der innigste Vertraute Cosimas während ihrer letzten Jahrzehnte. Chamberlains Wagnerbuch wurde zur »Heiligen Schrift« deutschnationaler Wagnerianer und verbreitete den Glauben an Wagner als »künstlerischen Seher«, als Reformator der deutschen Kultur, als rassistischen Antisemiten und Propheten einer nordisch-deutschen Weltanschauung. Die weitreichende Wirkung dieses Buches und zahlreicher weiterer Wagner-Publikationen des Autors kann gar nicht überschätzt werden. Um mit Chamberlains Worten zu sprechen: »Das Festspielhaus von Bayreuth ist ein Kampfsymbol, eine Standarte, um welche sich die Getreuen kriegsgerüstet sammeln.«

Chamberlain begriff sich als Vorkämpfer eines vermeintlichen »Bayreuther Gedankens«, der indes kaum mehr etwas mit Wagners Gedanken gemein hatte, um so mehr mit denen der völkischen Wagner-Erben und -Exegeten in Bayreuth. Houston Stewart Chamberlain hatte sich nicht nur dem preußischen Hofe angedient und bei Kaiser Wilhelm und dem Kronprinzen für eine starke Wagner-Begeisterung gesorgt, er hat vor allem auch die Brücke vom Hause Wagner zu Adolf Hitler geschlagen und Wagners antijüdische Haltung ins kämpferisch-unversöhnliche Extrem verkehrt und mit seiner eigenen »arischen« Blutideologie unterlegt: Christus wie Parsifal wurden von Chamberlain zu beispielhaften »Ariern« erklärt: Nur Reinrassigen leuchte der Gral! Mit Wagners Vorstellungen hatte das allerdings nichts mehr zu tun.

In seinem Buch »Die Grundlagen des neunzehnten Jahrhunderts«

hatte Chamberlain weite Teile des deutschen Bildungsbürgertums ideologisch auf das Kommende vorbereitet. Er redete einer nordisch-deutschen Rasse das Wort, zu deren künstlerischem Seher er Wagner erklärte. Damit hatte er für die nationalsozialistische Weltanschauung, wie sie in dem berüchtigten Buch des Nazi-Propagandisten Alfred Rosenberg, »Der Mythus des 20. Jahrhunderts«, entwickelt wurde, den Grundstein gelegt. In ihm wurde Wagner als Verkünder einer germanischen Volksreligion gefeiert, »in der das nordische Schönheitsideal mit dem Wesen der nordisch-abendländischen Seele gepaart ist. Die Wagnersche Kunst kündigt das Morgenrot eines neuen, wiedererstehenden Lebens an«.

Die Sonne dieses Morgenrots ging 1933 auf, als Hitler Reichskanzler wurde. Daß die nationalsozialistischen Kulturpolitiker bemüht waren, eine ihrem System dienliche Wagnerexegese zu fördern, versteht sich von selbst. In den offiziellen Bayreuther Festspielführern des Dritten Reiches wurde Wagner zum Beispiel von einem Autor namens Otto Tröbes als ein »Wegbahner ins Dritte Reich« apostrophiert. Karl Grunsky erklärte Wagner in seinem Buch »Richard Wagner und die Juden« zum Vorreiter des modernen Antisemitismus und bezeichnete sein Werk in erstaunlicher Ignoranz und Borniertheit als »ein einziges Preislied auf alles Deutsche«. Daß Richard Wagners Äußerungen in den Nationalsozialistischen Monatsheften, der »Wissenschaftlichen Zeitschrift der NSDAP«, als deren Herausgeber Adolf Hitler fungierte, , als »praktisch-ethisches Vermächtnis an sein deutsches Volk, an den deutschen Nationalsozialismus« gedeutet und proklamiert wurden, war der Gipfelpunkt des Wagnermißbrauchs.

Der nationalsozialistische Wagner-Kult war von oben verordnet, denn Wagner war das persönliche Idol, der musikalische Abgott Adolf Hitlers seit dessen Jugend. Als Hitler an die Macht kam, wurde aus des Führers Steckenpferd Kulturpolitik. Wagner wurde für die Sache des Nationalsozialismus vereinnahmt, wie ja auch Goethe, Schiller und Nietzsche, Beethoven, Bruckner, Bach und Mozart. Im Sinne dieses Mißbrauchs entstand schließlich eine Flut von Literatur, die nicht müde wurde, Wagner zum Propheten der nationalsozialistischen Weltanschauung, seine Musik zur »Staatsmusik« des Dritten Reiches zu erklären.

Hitler und die Seinen weideten sich an den Helden Wagners, identifizierten sich mit ihnen, zumindest partiell, ihren Untergang freilich ignorierten sie geflissentlich. Der Untergang Siegfrieds aufgrund seiner Verstrickung in politische Machtspiele und Intrigen, deren Ursache der Größenwahn eines Machtbesessenen, eines »Führers« ist, das zur Schau gestellte Scheitern, ja die demonstrative Vernichtung eben jenes Machtmenschen Wotan, all das dürfte wohl kaum dem Selbstverständnis der Hitlerianer entsprochen haben! Ebensowenig der Fall des machtbesessenen Rienzi! Es entbehrt nicht der Ironie, daß ausgerechnet Adolf Hitler in Wagners frühem Opernhelden Rienzi, den er mit 17 Jahren in einer Linzer Aufführung im Jahre 1906 zum ersten Mal sah, sein Vorbild zu erkennen glaubte. Immerhin kommt Rienzi als verblendeter Politiker, von politischen Visionen beflügelt, vom Machtrausch und dem Jubel der wankelmütigen Masse verführt, am Ende zu Fall. Seine Utopie erweist sich als Illusion mit zerstörerischen, ja selbst- und volksmörderischen Folgen. Das aber kann Hitler wohl kaum wahrgenommen haben! Die Parallelität Rienzis und Adolf Hitlers indes liegt, aus heutiger Sicht betrachtet, auf der Hand: Beide wurden von ihren utopischen Visionen und Machtleidenschaften verführt. Beide erlebten ein anderes Ende, als sie es sich erträumt hatten. Auch Rienzi verflucht schließlich nach seinem Niedergang das eigene Volk und hinterläßt nichts als Elend und verbrannte Erde. So wie Rienzi in den Trümmern des Kapitols, endete Hitler unter den Trümmern der brennenden Reichskanzlei. Ersterer allerdings als Held, letzerer als barbarischer Paranoiker, als Verbrecher und Größenwahnsinniger. Wagner wollte mit dem RIENZI ein musiktheatralisches Exempel über Machtrausch und Verführung, revolutionäre Utopie und tragisches Scheitern statuieren. Das aber hat mit jedweder Glorifizierung der Macht, der Führerschaft oder des Volks nichts zu tun.

Mit dem Geist des Dritten Reiches hatte Wagner ebensowenig gemein wie Goethe oder Schiller, Kleist oder Beethoven, die ja ebenfalls als Gallionsfiguren der nationalsozialistischen Kulturpolitik mißbraucht wurden. Wagner stand Hitler nur chronologisch näher. Es gab gewisse Anknüpfungspunkte, nicht weniger, aber auch nicht mehr. Daß Hitler übrigens von Wagners Musik, wie von Musik an sich, im Grunde nicht viel verstanden hat, bezeugen zahllose Zeitzeugen. Musik war ihm wohl nicht viel mehr als ein überaus wirkungsvolles akustisches Mittel zur Steigerung theatralischer Effekte. Insofern diente Wagners Musik in Hit-

Winifred Wagner und Hitler am Festspielhaus

lers Drittem Reich vornehmlich als Untermalung von Wochenschauen, Parteifilmen und als Begleitmusiken von Parteitagen und ähnlichen Veranstaltungen. Wagners Musik war vor allem »ästhetisches Herrschaftsmittel in der Theatralik des deutschen Faschismus« (Andrea Mork). Der Wagner-Kult des Dritten Reiches war blanke Vereinnahmung, *ein* Kapitel innerhalb der Wirkungsgeschichte Wagners! Es ist fatal, Wirkung und Ursache zu verwechseln, und es ist historisch unzulässig, von der Wirkung auf die Ursache zu schließen. Man vergesse nicht, daß es immer die Nachfolger sind, die sich ihre Vorläufer erschaffen. Wagner dem »Führer« als dessen Propheten, Vorläufer oder Ahnherrn auszuliefern, wäre Hitlers nachträglicher Triumph. Wagner heute noch durch die Optik Hitlers wahrzunehmen ist wissenschaftlich unhaltbar und, wofern gegen bessere Einsicht unternommen, moralisch infam. Ernst Blochs Verdikt besitzt noch immer Gültigkeit: »Die Musik der Nazis ist nicht das Vorspiel zu den Meistersingern, sondern das Horst-Wessel-Lied; andere Ehre haben sie nicht, andere kann und soll ihnen nicht gegeben werden.«

Die Meistersinger, die beliebteste Repräsentationsoper des Dritten

Reiches, ist – gröbstem Mißbrauch zum Trotz – nicht mehr und nicht weniger als die Utopie einer demokratischen, einer ästhetischen Weltordnung, in der der musikalischen Avantgarde das Wort geredet wird. Und wie die Nazis es mit ihr hielten, weiß man.

Nacht über Bayreuth

Kriegsfestspiele – Zusammenbruch

Bayreuther Festspiele in den Kriegsjahren – ein besonderes Kapitel! Die Zeiten waren bekanntermaßen in Deutschland schlecht. Auch die Bayreuther Festspiele waren in ihrer materiellen Existenz gefährdet. Nur dank Adolf Hitlers persönlichem – auch finanziellem – Einsatz für Wagner und das Bayreuther Festspielunternehmen gelang es Winifred Wagner, der Chefin am Grünen Hügel, bis zuletzt ein hohes künstlerisches Niveau zu halten. Zu den Stars der Festspiele gehörte zweifellos Max Lorenz, der noch in einer MEISTERSINGER-Aufführung des Jahres 1943 den Walther von Stolzing sang. Dirigiert wurde sie vom berühmtesten deutschen Dirigenten im Dritten Reich, Wilhelm Furtwängler, einem Liebling Hitlers und der Seinen. Bayreuth setzte den letzten kulturellen Höhepunkt der Kriegsjahre. Es war ein Aufbäumen vor dem Untergang. Siegfrieds Sohn Wieland hatte die Bühnenbilder entworfen, ganz traditionell, um nicht zu sagen: konservativ; noch nichts wies auf den späteren Bilderstürmer und Entrümpler der Bayreuther Szene hin, der er einmal werden sollte.

Aufgrund der kriegsbedingten Besetzungsprobleme setzte sich der Chor der Aufführung teilweise aus Mitgliedern der »Viking«-Division zusammen, die zu Hitlers berüchtigter Spezialtruppe, der SS, gehörte. Mit SS-Truppen, die auf der Bühne sangen und die einladenden Fanfaren vom Balkon des Festspielhauses erschallen ließen, sank das Bayreuth des Dritten Reiches auf seinen moralischen Nullpunkt! Richard Wagners Schwiegertochter Winifred Wagner – die Festspielleiterin – war mit Hitler verbündet. Ihre Söhne Wieland und Wolfgang bereiteten sich bereits auf ihre kommenden Tätigkeiten in Bayreuth vor. Vor allem Wieland galt als der künftige Festspielleiter. Hitler hielt ihn für die Zukunft Bayreuths. Einzig Wielands und Wolfgangs Schwester Friedelind, das enfant terrible der Familie, bezog kritische Distanz zur Hitlerei ihrer Mutter und floh vor den Anfeindungen der Nazis und dem mütterlichen Psychoterror ins Exil in die USA, wo sie aus ihrer kritischen Haltung gegenüber den Bayreuther Zuständen keinen Hehl machte.

Nicht erst mit ihrem 1945 erschienenen Buch »Nacht über Bayreuth«, sondern schon 1942, als sie anläßlich einer im Rundfunk übertragenen Tannhäuser-Aufführung der Metropolitan Opera in New York, die Arturo Toscanini dirigierte, am Vorabend des 59sten Todestages ihres Großvaters, Richard Wagner, eine flammende Rede an die deutschen Hörer hielt: »Ich habe Deutschland nicht leichthin verlassen, und bin erst fortgegangen, als die mörderischen Absichten des augenblicklichen deutschen Regimes klar am Tage lagen. Und selbst dann noch habe ich mich gefragt, wie würde mein Großvater, wie würde Richard Wagner gehandelt haben an meiner Stelle. Wäre er geblieben? Hätte er sich den Nazis zur Verfügung gestellt? Hätte er ihre Untaten gedeckt mit seinem Namen, der auch der meine ist? Kein Zweifel ist möglich! Richard Wagner, der die Freiheit und die Gerechtigkeit mehr geliebt hat als selbst die Musik, hätte in Hitlers Deutschland nicht atmen können. Unter seinen Schriften und Aussprüchen gibt es viele, die das beweisen. Hören Sie, was er sagte: Ich würde mit Freuden alles dahingeben und vernichten, was ich je geschaffen habe, wenn ich wüßte, daß dadurch die Freiheit und Gerechtigkeit in der Welt gefördert würden. Das hat er gesagt. Niemals hätte er gemeinsame Sache gemacht mit den Zerstörern aller Freiheit und Gerechtigkeit in Deutschland und Europa. Niemals! Seine Musik, sein Werk und seine Gestalt, die der Menschheit gehören, sind deutsch in einem Sinne, von dem sich das Hitlerdeutschtum nichts träumen läßt. Alberich-Hitler hat sich Richard Wagner zum Leit- und Staatskomponisten gewählt, und er will die Welt glauben machen, Richard Wagner, lebte er noch, musizierte heute zu seinen, des Führers Ehren. Mein Großvater ist tot und kann dem Mißbrauch nicht wehren. Aber ich, seine Enkelin, spreche in seinem Geiste und Sinn, wenn ich sage, Sentas reine Liebe, die den irrenden Holländer erlöst, Lohengrins lichte Figur und das christliche Duldertum Parsifals stammen aus Landschaften, in die kein Nazi je seine Militärstiefel setzte. Die Mächte der Finsternis, ob sie Verführung heißen, oder Machtgier, Gewalt oder Hinterlist, hat Richard Wagner wohl gekannt, wie alles, was den Menschen im allge-

TRISTAN – *Bühnenbild (1. Akt) von Emil Preetorius – 1938*

meinen und den Deutschen im besonderen gefährlich ist. Aber dem Ruch und grenzenlosen Mißbrauch der Macht folgt am Ende die Götterdämmerung! Und den Verführten verheißt Richard Wagner Erlösung. Erlösung, dies christliche Motiv, zieht sich als eigentliches Leitmotiv durch Richard Wagners Werk. Und Hitler, der Gotteslästerer, lästert Wagner, indem er ihn zu seinem Liebling macht. Deshalb bin ich aus Hitlers Deutschland weggegangen, und deshalb bin ich froh und dankbar, meines Großvaters Todestag hier in New York begehen zu dürfen.«

Baupolizeiliche Mängelrügen veranlaßten 1936 Überlegungen zur Sanierung des Festspielhauses. Sie arteten in ein monströses Vorhaben aus, mit dessen Planung Hitler persönlich den Architekten Rudolf Mewes beauftragte. Auf dem Festspielhügel sollte eine Art Wagner-Akropolis entstehen, ein riesiger klassizistisch angehauchter, im nationalsozialistischen Stil projektierter Komplex von mäanderartig an das Festspielhaus angebauten Flügeln mit Museum, Archiv, Restaurationsgebäuden und Vortragssaal. Im Zentrum das Festspielhaus. Bühne und Zuschauerraum sollten vergrößert werden. Das neue Festspielhaus wollte man dann mit einer TANNHÄUSER-Inszenierung Wielands eröffnen. Gottlob verhinderte der Kriegsausbruch die Realisierung des Vorhabens

1937 gab Wieland Wagner mit einer PARSIFAL-Neuproduktion sein wenig spektakuläres Debüt als Bühnenbildner. Der Dirigent dieser Aufführung war übrigens kein Geringerer als der Komponist Richard Strauss, ein vorzüglicher Dirigent und international geachteter Vorzeigekomponist des Dritten Reiches. Er war zeitweise auch Präsident der »Reichsmusikkammer« und keineswegs der unpolitische Komponist, als der er heute noch gern hingestellt wird. Im Gegenteil, sein schamloser Opportunismus und seine Animositäten gegen jüdische Kollegen und Konkurrenten unter den Musikschaffenden verleiteten ihn zu einem Verhalten, das nicht gerade zum Ruhm seiner Persönlichkeit beitrug.

Nach Kriegsausbruch 1939 sah es die Festspielchefin Winifred als selbstverständlich an, keine Festspiele mehr abzuhalten. Sie bereitete sich darauf vor, das Festspielhaus zu schließen. Hitler intervenierte und bestand darauf, die Festspiele fortzuführen. Und so schuf er 1940 die sogenannten »Kriegsfestsspiele«, zu denen nicht mehr die Öffentlichkeit Zugang hatte, sondern nur noch Personen, die »des Führers Gäste« genannt wurden. Das waren Angehörige des Militärs und Arbeiter in der Kriegsindustrie, die als Belohnung für patriotischen Dienst kostenlos nach Bayreuth gebracht wurden. Die Verwaltung dieser Kriegsfestspiele wurde der nationalsozialistischen Massenorganisation »Kraft durch Freude« unterstellt. Die Festspiele gerieten zu einer grotesken Propagandaveranstaltung: kulturell ungebildete und uninteressierte Parteioffizielle, erschöpfte Arbeiter, die sich keineswegs alle für Wagner interessierten, und zunehmend auch verwundete Soldaten, die wohl lieber bei ihren Familien geblieben wären, bevölkerten das Festspielhaus. Der Grüne Hügel soll zeitweise einer Krankenstation geglichen haben.

Diese »Festspielgäste« wurden in Gruppen im »Reichsmusikzug« nach Bayreuth transportiert, marschierten vom Bahnhof aus zu Kasernen, wo sie untergebracht und verpflegt wurden. Am nächsten Morgen hatten sie sich am Festspielhaus zu versammeln, wo man sie mit Propagandamaterial versorgte und ihnen Gutscheine für Bier, Zigaretten und eine Aufführung aushändigte. Danach reisten sie wieder ab. Ein gespenstisches Ritual. Die ideologische Manipulation war perfekt. Dem Publikum der Meistersinger erklärte man, das Werk erfülle jeden, der es sehe, mit einem Gefühl für die heilige Mission der deutschen Kultur und inspiriere jeden, mit neuem Enthusiasmus an die Front oder in die Fabrik zurückzugehen, um mit seinem Beitrag die »internationale plutokratische bolschewistische Verschwörung« zu zerschlagen, wie es hieß.

Die Propagandamaschine der »Kriegsfestspiele« lief auf Hochtouren. Hitler selbst besuchte Bayreuth allerdings nur einmal während des Krieges, im August 1940, nach der Eroberung Frankreichs, als er sich auf dem Rückweg nach Berlin befand. Er machte in Bayreuth halt und sah sich – Ironie der Ereignisse – die GÖTTERDÄMMERUNG an.

Daß der Name Richard Wagner nach 1945 häufig in einem Atemzug mit dem Nationalsozialismus genannt wurde, ist verständlich. Fast 12 Jahre lang wurde mit großem Aufwand die Identifikation der Nationalsozialisten mit dem Werk Wagners propagiert, auch wenn es dabei, genau betrachtet, um einen mißbrauchten Wagner »auf der Stufe der Verhunzung« ging, um mit Thomas Mann zu reden. Aber wen kümmerte das schon. Um so mehr hat es den heutigen Wagner-Rezipienten zu interessieren. Man lasse sich weder von der nationalsozialistischen und schon gar nicht von der post-nationalsozialistischen »Wagner-Lüge« täuschen. Es gilt, im Sinne historischer Gerechtigkeit und wissenschaftlicher Redlichkeit zu unterscheiden zwischen Werk und Wirkung. Es geht schließlich um nichts weniger als um die Frage historischer Vorläuferschaft und um die moralische Verantwortlichkeit Richard Wagners. Der israelische Historiker Jakob Katz macht (auf Hartmut Zelinsky zielend, der Wagner ja noch heute aus der Perspektive Hitlers deuten zu müssen glaubt) völlig zurecht darauf aufmerksam, daß die ›Deutung‹ Wagners »aufgrund der Gesinnung und der Taten von Nachfahren, die sich mit Wagner identifizierten, ein unerlaubtes Verfahren ist. Es handelt sich bei dieser Unterstellung um eine Rückdatierung, ein Hineinlesen der Fortsetzung und Abwandlung Wagnerscher Ideen durch Chamberlain und Hitler in die Äußerungen Wagners selbst«.

Jakob Katz ist nichts hinzuzufügen. 1944 gab es übrigens noch einmal, zum letzten Mal, Festspiele in Bayreuth; es waren die letzten Kriegsfestspiele; denn die letzte Stunde des nationalsozialistischen Bayreuth-Kapitels hatte geschlagen. Auch wenn Hitler seit 1940 nicht mehr in Bayreuth gewesen war, hielt er mit Winifred noch aus dem Berliner Führerhaupt-quartiers-Bunker engen telefonischen Kontakt. Selbst nach der Juli-Ver-schwörung von 1944, als alles um ihn herum in Schutt und Asche ver-sank, glaubte Hitler noch an eine Fortführung der Festspiele im Jahr 1945. Wieland suchte ihn noch im Januar 1945 in seinem Berliner Bun-ker auf, um ihn um die Herausgabe der Wagner-Originalmanuskripte und Partituren zu bitten, die man in Bayreuth in Sicherheit bringen woll-te. Aber Hitler lehnte ab.

Die Ereignisse überschlugen sich. Bayreuth blieb von Luftangriffen der Amerikaner nicht verschont, wenn sie die fränkische Stadt auch erst kurz vor Kriegsende beträchtlich zerstörten. Die Villa Wahnfried wurde schwer beschädigt. Winifred schaffte wertvolle Gegenstände, Richard Wagners Bibliothek, Gemälde und Archivmaterial in Sicherheit; schließ-lich brach die öffentliche Ordnung im bombardierten Bayreuth zusam-men. Im Festspielhaus wurde eingebrochen, Kostüme wurden gestoh-len, es wurde berichtet, man habe deutsche Flüchtlinge kilometerweise in diesem oder jenem Wagnerkostüm gesehen. Am 14. April 1945 nahm eine amerikanische Panzerkolonne die Stadt ein. Mit der Kapitulation stand das Kriegsende und damit das einstweilige Ende der unseligsten Epoche der Bayreuther Festspiele bevor. Ob sie je wieder würden aufge-nommen werden können, stand damals in den Sternen. Vorerst war daran nicht zu denken.

Das Neubayreuther Wunder

Wiedereröffnung der Richard-Wagner-Festspiele 1951

Am 30. Juli 1951 hob sich – zum ersten Mal seit 1944 – wieder der Vorhang im Bayreuther Festspielhaus. Als Eröffnungspremiere der ersten Bayreuther Festspiele nach dem Zweiten Weltkrieg wurde der Parsifal gespielt. Hans Knappertsbusch debütierte am Bayreuther Pult. Der Wagner-Enkel Wieland war für Regie und Bühnenbild verantwortlich.

Für die Konservativen unter den Wagnerianern muß damals eine Welt zusammengebrochen sein. Man spielte auf nahezu leerer Bühne, fast ohne Requisiten und ohne jeden Bezug zur historischen Realität. Und doch war dieser Parsifal der Auftakt einer neuen Epoche der Bayreuther Festspiele. Daß die Festspiele überhaupt wieder ins Leben gerufen werden konnten, daß man an das Gewesene anknüpfen und doch ganz neu anfangen konnte, erschien damals vielen wie ein Wunder.

Doch das Wunder kam nicht von »oben«, so wie Lohengrin vom Gral gesandt wurde. Wieland und Wolfgang Wagner – die ungleichen Brüder: der eine szenisch visionär, der andere praktisch, organisatorisch und kaufmännisch hochbegabt – hatten sich nach dem Zusammenbruch des Deutschen Reiches und dem verlorenen Zweiten Weltkrieg, nach der propagandistischen Vereinnahmung Wagners durch Hitler, aber auch nach Bayreuths Pakt mit Hitler, zu einem Neuanfang entschlossen. Das hieß, es mußte mit der Vergangenheit gründlich aufgeräumt werden. Am Anfang von »Neubayreuth«, wie man Bayreuth seit 1951 nannte, stand denn auch die Verzichtserklärung ihrer Mutter Winifred und eine radikale szenische Neubesinnung. Neue Sänger, neue Dirigenten und gänzlich neue Regiekonzeptionen zogen ins Bayreuther Festspielhaus ein.

Dieser Neuanfang war schwer, wie sich Wolfgang Wagner erinnert, der ihn ja maßgeblich ermöglichte, indem er sich sofort nach dem Ende des Zweiten Weltkriegs aufmachte, die nötigen finanziellen Voraussetzungen zu schaffen und auf dem Motorrad durch Deutschland fuhr, um bei den wichtigen Stellen, bei Ämtern, Behörden, Politikern und Industriellen, Privatleuten und Organisationen für Wagner und Bayreuth zu werben. Es galt auch, Vorurteile abzubauen: »Es sind, wie immer, zwei große Probleme gewesen: Das ist einerseits die Finanzierung. Man darf nie vergessen, Richard Wagner ist an der Finanzierung des zweiten Festspieljahres gescheitert. Und dann ging es ja darum, und das hätten wir nur von deutscher Seite, ohne die Ausländer, nicht geschafft, die von deutscher Seite ausgehenden Ressentiments abzubauen, die natürlich weitgehend durch die Freundschaft meiner Mutter mit Hitler untermauert waren. Die Überwindung der Ressentiments ist uns relativ schnell gelungen, nicht zuletzt, weil unsere Mutter formal auf die Festspielleitung verzichtet hatte. Dann war da aber noch die Finanzierung. Auch sie ist uns mehr oder weniger gut geglückt. Aber es gab noch die große Schwierigkeit, auf die uns jeder hingewiesen hatte: Sie bekommen kein Ensemble zusammen. Es war beispielsweise keine Brünnhilde in Aussicht. Wir haben dann mit Kirstin Flagstadt verhandelt, und sie empfahl mir: ›Herr Wagner, Sie müssen mit ganz neuen Leuten anfangen. Es hat keinen Sinn, wenn Sie an damals anknüpfen! Sie können die alte Garde nicht rüberschleppen in die neue Zeit.‹ Ich fragte sie konkret: Wen können Sie denn empfehlen? Und dann nannte sie Astrid Varnay«.

Astrid Varnay sang dann unter Herbert von Karajans Leitung bei den ersten wiedereröffneten Bayreuther Festspielen eine fulminante Brünnhilde. Sie erinnert sich an das »Neubayreuth« von damals: »Am Anfang waren nur die Martha Mödl und ich, später kam Birgit Nilsson dazu, im dramatischen Fach. Damals war Bayreuth am Neubeginn. Das Land war sehr arm, in Bayreuth konnte man noch parken, wenn man ein Auto hatte. Es gab damals nicht viele Autos. Die Menschen sind zu Fuß zum Hügel gepilgert. Es war eine Zeit des Hoffens und des Wiederaufbaus. Es gab ein Schild, worauf stand ›Hier gilt's der Kunst‹, man wollte nicht von politischen Dingen sprechen. Niemand ist weggegangen, man kam dorthin, man lebte und probierte dort, man hat dort gegessen und geschlafen, Wagner, Bayreuth, Punkt. Und das vier Wochen lang. Heutzutage ist das alles anders. Man gibt dort seine Gastspiele und reist zwischendurch mal nach Salzburg oder sonst wohin, gibt ein Konzert und singt hier und da einen Liederabend. Zu unserer Zeit gab es das nicht! Ich bin später

Bühnenentwurf zum 1. Akt des Parsifal *in Wieland Wagners Eröffnungspremiere der ersten Nachkriegsfestspiele*

auch ein bißchen hin und hergereist, das gebe ich gern zu, aber mein Repertoire war so, daß ich immer länger bleiben konnte in Bayreuth. Ich habe nur einmal in Salzburg die Elektra-Vorstellungen gesungen. Es gab 1951 eine strikte Trennung zwischen Bayreuth, Salzburg und München, es gab ja auch noch nicht so viele Festspiele wie heute. Und für uns war es so, als ob wir den Karren, voll von Oper, zogen. Und wir haben uns in Bayreuth sozusagen für einen Zweck gemeinschaftlich verbunden, und dieser Zweck war, die Kunst Richard Wagners wieder aufzurichten und zu den Menschen zu bringen, und das Publikum war unerhört dankbar.«

Man vergesse nicht: Bayreuth war seit 1944 geschlossen gewesen. Nach dem Krieg hatte die amerikanische Militärregierung das Festspielhaus, die Villa Wahnfried – Wagners Wohnhaus -und den ganzen Besitz

WIELAND WAGNER
(* 1917 †1966)

WOLFGANG WAGNER
(* 1919)

Winifred Wagners als einer der prominenten Unterstützerinnen des nationalsozialistischen Regimes beschlagnahmt. Das Festspielhaus wurde für Gottesdienste, aber auch für Aufführungen von Schauspielinszenierungen, Operetten und Shows zur Unterhaltung der Truppen genutzt. Erst 1949 übergab man alles der Stadt Bayreuth. Die Stadt nutzte das Festspielhaus zeitweise als Auffanglager für geflüchtete Sudetendeutsche und nutzte es auch für Konzerte, Varietés und italienische Opernaufführungen. Doch man beschloß ziemlich bald, künftig wieder Wagnerfestspiele zu etablieren.

Bayreuths Oberbürgermeister versuchte, die Bayreuther Tradition zu retten und wandte sich an einen gänzlich unbelasteten Angehörigen der Wagner-Familie, Franz Beidler, den Sohn der Cosima-Tochter aus erster Ehe, Isolde. Beidler entwickelte Richtlinien zu einer Neugestaltung der Festspiele. Trägerin sollte nicht mehr die Familie, sondern eine Richard Wagner-Stiftung sein. Dem Stiftungsrat sollte als Ehrenpräsident der Schriftsteller Thomas Mann angehören. Doch der lehnte das Angebot belustigt ab. Inzwischen war die Bayerische Landesregierung – ohne das Testament Siegfried Wagners zu berücksichtigen – zu dem Entschluß gekommen, die Festspiele sollten von einem internationalen Rat geleitet werden, dem neben so prominenten Namen wie Thomas Mann auch Bruno Walter, Sir Thomas Beecham, Paul Hindemith und Richard Strauss angehören sollten. Dennoch kam man nicht daran vorbei, sich auf das Testament Siegfried Wagners und die Ansprüche seiner Witwe als Vorerbin zu besinnen.

Nach dem Zusammenbruch des Deutschen Reiches, nach Kriegsende und der Spruchkammer- Verurteilung Winifred Wagners als belastet im Sinne der Förderung und Nutznießerschaft des Dritten Reiches, womit ihr jedwede weitere Festspielleitung untersagt wurde, mußte ein Generationen- und ein Führungswechsel in Bayreuth stattfinden. In einer eidesstattlichen, verpflichtenden Erklärung, die am 21. Januar 1949 aktenkundig gemacht wurde, verpflichtete sich die Gattin Siegfried Wagners, einstige Hitler-Freundin und Festspielleiterin bis 1944, sich künftig jedweder Mitwirkung an der Organisation, Verwaltung und Leitung der Bayreuther Bühnenfestspiele zu enthalten, und setzte ihre beiden Söhne Wieland und Wolfgang zur Fortführung bzw. Wiederaufnahme des Festspielbetriebs ein. Der Weg war frei für einen Neuanfang.

Gedankenspiele des amerikanischen Militärgouverneurs in Bayern sahen kurz nach Kriegsende vor, die Bayreuther Wagnerfestspiele zu internationalisieren und den Händen der Wagner-Familie zu entreißen. Das hätte eine ernsthafte Infragestellung der Wagnerschen Familientradition bedeutet. Durch die Bayerische Staatsregierung der neugegründeten Bundesrepublik Deutschland wurde allerdings am 28. Februar 1949 die Vermögenssperre der Familie Wagner aufgehoben und eine klare Entscheidung zugunsten der Weiterführung des Familienbetriebs getroffen.

Um die ersten Nachkriegsfestspiele finanzieren zu können, planten die Wagner-Enkel zunächst den Verkauf von Originalmanuskripten aus dem Familienarchiv. Doch die 1949 gegründete »Gesellschaft der Freunde von Bayreuth« verhinderte diese Notverkäufe. Und sie hat sich seither Jahr für Jahr als eine der tatkräftigsten finanziellen Stützen der Bayreuther Festspiele bewährt.

Nach der Währungsreform 1949 war Geld zum Engagement der Künstler, für Bühnenbild und Kostüme knapp. Dennoch gelang es Wieland und Wolfgang im Herbst 1950, das Startkapital von etwa anderthalb Millionen Mark zusammenzubekommen. Für den Neuanfang 1951 war eines ganz klar: Man durfte nicht an die alten Traditionen anknüpfen. Man mußte künstlerisch glaubwürdig sein und mit der Vergangenheit brechen. Damit wurden prinzipiell alle Dirigenten, Sänger und Altgedienten des Dritten Reiches von der Mitwirkung in Bayreuth ausgeschlossen. Das Auswählen unter den im Lande Gebliebenen war schwierig. Der damalige Operndirektor am Aachener Theater, Herbert von Karajan, ein geschickter Opportunist im Dritten Reich, dessen große Stunde nach Kriegsende kam, empfahl Wilhelm Pitz als Bayreuther Chordirektor. Er sollte sich über Jahrzehnte als einer der besten seiner Zunft erweisen, und unter seiner Leitung wurde der Chor der Bayreuther Festspiele zu einem der besten des Landes.

Noch schwieriger war es, Solisten zu finden. Man mußte weithin auf unbekannte junge Sänger zurückgreifen. Am schwierigsten war es, neue Dirigenten zu finden. Diejenigen, die im Lande geblieben waren, wie Furtwängler, Clemens Krauss, Karl Böhm und Herbert von Karajan, waren politisch anrüchig. Da man auf solide Tradition jedoch nicht verzichten konnte und wollte, setzte man ganz auf den Dirigenten Hans

Knappertsbusch, der wegen seiner angstlosen Streiterein mit den Nationalsozialisten, die ihn seine Anstellung als Musikdirektor der Münchner Oper gekostet hatten, unverdächtig war. Darüber hinaus wagte man es, auf Wilhelm Furtwängler zu setzen, der allerdings nur einmal zur Eröffnung der Festspiele die neunte Sinfonie Ludwig van Beethovens dirigierte. Ansonsten hatten Hans Knappertsbusch und der hochbegabte, allerdings sehr eitle Herbert von Karajan alle 21 Vorstellungen der beiden Neuinszenierungen PARSIFAL und RING zu bestreiten. Karajan, der sich schon bald zum heimlichen Herrn von Bayreuth aufspielte, verscherzte sich durch sein anmaßendes Auftreten allerdings schnell die Freundschaft Wielands und Wolfgangs.

Der Bayreuther Neuanfang wurde im In- und Ausland als ein theatergeschichtliches Ereignis allerersten Ranges gefeiert. Die Quintessenz der neuen Bühnenästhetik Wielands – die sich von allem Historismus und Naturalismus weit entfernt hatte – ließ der Phantasie des Zuschauers freies Spiel und offenbarte einen gänzlich »neuen«, entschlackten Wagner auf der Bühne. Wagner war plötzlich scheinbar unpolitisch und ganz menschlich geworden. Musikalisch gaben der junge Heißsporn von Karajan und der alte Wagnerroutinier Knappertsbusch ihr Bestes. Die junge Sängerriege, die man aufgeboten hatte, war geradezu sensationell und überaus vielversprechend. Einer neuen Bayreuther Ära stand nun nichts mehr im Wege. Wieland und Wolfgang Wagner hatten sich wie zwei Siegfriede mutig aufgemacht zu neuen Taten in einer nicht vorhersehbaren Zukunft.

WIELAND WAGNERS ENTRÜMPELUNG

Neue Konzepte, Ausnahmedirigenten und junge Sänger
am Grünen Hügel

Wieland und Wolfgang Wagner hatten 1951 die Bayreuther Festspiele, die kriegsbedingt sechs Jahre lang unterbrochen waren, erfolgreich wiedereröffnet.

Aber es war kein nahtloses Anknüpfen an die Tradition der Wagnerpflege der Vorkriegszeit und schon gar keine Fortsetzung der politisierten Kriegsfestspiele, die sich von dem, was Richard Wagner einst in Bayreuth vorschwebte, weit entfernt hatten. Nachdem Wieland Wagner 1951 mit Neuinszenierungen des PARSIFAL und des RINGS szenisches Neuland betreten und in seinen eigenen Bühnenbildentwürfen zum ersten Mal abstrakte Bilder mit symbolhaften Formanspielungen und ausgeprägter Lichtregie auf die große Bühne des Festspielhauses gestellt hatte, setzte er diesen Weg der Abstrahierung1952 mit seiner ersten TRISTAN-Neuinszenierung weiter fort, die der junge Herbert von Karajan dirigierte.

Im TRISTAN hatte Wieland Wagner noch radikaler alles überflüssige Beiwerk eliminiert. Weder Kulissen noch realistische Aufbauten, nichts Historisches oder gar Teutonisches wurde auf dem Grünen Hügel geduldet. Das Wort von der »Entrümpelung« machte die Runde. Es war eine szenische Revolution der Wagnerbühne, die Wieland Wagner initiierte, vielleicht die folgenreichste der Inszenierungsgeschichte nach den abstrakten, ihrer Zeit weit vorauseilenden Vorstößen des Schweizer Bühnenbildners Adolphe Appia in den zwanziger Jahren. – Mit diesen drei Inszenierungen hatte Wieland »Neubayreuth« definiert: eine kreisförmige Spielfläche, eine Scheibe, die später liebevoll-ironisch »Wielands Kochplatte« genannt wurde. Auf dieser, auch als Wielands »Weltenscheibe« bezeichneten, das Universum symbolisierenden Bühne transformierte er die Charaktere der dramatischen Personen zu Symbolträgern von archaischer Größe. Er steckte die Sänger in vereinfachte, aber ausdrucksvolle Kostüme von eher dramatischer als dekorativer Funktion und konzentrierte die Bühnenaktion auf spannungsvoll bedeutsame Gestik und Mimik. Die Bühne wurde zum »geistigen Raum«. Am wohl extremsten verwirklichte er diese Idee in seiner optisch streng geometrischen TANNHÄUSER-Inszenierung, die erstmals 1954 auf die Bühne kam.

Während Wolfgang Wagner im Vorfeld der Wiedereröffnung der Bayreuther Festspiele mit dem Motorrad durch Deutschland fuhr und Mäzene, Sponsoren und Geldgeber für einen Neuanfang suchte, hatte sein Bruder Wieland in Ruhe die Dramaturgie eines konzeptionellen und szenischen Neuanfangs des Wagnertheaters vorbereitet. Er hatte mit seiner Familie das Kriegsende am Bodensee verbracht, wo er sich auf all das gestürzt hatte, was im Dritten Reich verboten war: auf die Tiefenpsychologie Siegmund Freuds, die Symbolforschung der C.G. Jung-Schule, auf Mythenforschung und auf die – freilich im internationalen Rahmen schon gar nicht mehr so avantgardistische – Moderne der Malerei, etwa Pablo Picassos, Piet Mondrians und Henry Moores. Wieland war – gemeinsam mit seinem Bruder Wolfgang – zu einer radikalen Neudeutung Wagners fest entschlossen. Er wagte dramaturgisch einen Sprung ins kalte Wasser. Aber auch Dirigenten, die bisher nicht in Bayreuth zu erleben gewesen waren, wurden geholt: Wolfgang Sawallisch, Lovro von Matačic, Lorin Maazel, Thomas Schippers, Joseph Keilberth, um nur einige zu nennen. Auch bisher ungehörte, junge Sänger wurden verpflichtet. Ein Sängerteam, das seinesgleichen suchte und in Bayreuth nicht wieder erreicht wurde, umfaßte Namen wie George London, Hans Hotter, Martha Mödl, Astrid Varnay, Gustav Neidlinger, Josef Greindl, Wolfgang Windgassen, Martti Talvela und viele andere mehr, die Crème de la crème des damaligen Wagnergesangs.

Die Brüder hatten sich übrigens abgesprochen, daß Wolfgang zunächst für das Organisatorische, Wieland fürs Künstlerische, sprich für die Regie und Ausstattung verantwortlich sein solle. Letzterer hatte sich vorgenommen, nach und nach, im Schnitt alle zwei Jahre, ein weiteres Werk seines Großvaters neu zu inszenieren; danach sollte sein Bruder einen kompletten Durchgang des Wagnerschen Werks inszenieren. Auch er hatte ja an der Berliner Staatsoper das Handwerk der Regie gründlich gelernt.

Wieland, der als Maler ausgebildet und bis 1945 im sächsischen Altenburg als Regisseur engagiert gewesen war, ging es um nichts weniger als einen neuen Interpretationsansatz des Wagnerschen Œuvres. Die Bühne sollte nicht mehr illusionäre Realität, sondern Sinnbild sein, wie es Wieland in einem Interview erläuterte: »Ich suche eine musikalische Abstraktion. Daß ich Bayreuth als Werkstatt betrachte, in der unermüdlich gearbeitet wird, hat den Grundcharakter Bayreuths verändert. Ich habe mich entschieden, daß wir grundsätzlich so frei wie möglich arbeiten müssen. Die Vorschriften Richard Wagners, die sämtliche alten Wagnerianer auswendig können, sind Theater seiner Zeit und nicht Theater unserer Zeit. Die Vorschriften sind für die Kulissenbühne, sind für das Gaslicht und für die gemalte Hängedekoration. Wir haben inzwischen die Lichtorgel, wir sind andere Menschen, und wir haben Kriege durchgemacht!«

In einem zur Eröffnung der »Neubayreuther Festspiele« herausgegebenen Festspielbuch ließ Wieland einen geradezu programmatischen Aufsatz abdrucken, der den bezeichnenden Titel trug: »Überlieferung und Neugestaltung«. Darin begründet und rechtfertigt er seinen Bruch mit der Tradition und seinen Aufbruch in ein szenisches und musikalisches Neuland. Im Zentrum seiner Überlegungen steht die These, daß der leere, »ausgeleuchtete Raum« an die Stelle des »beleuchteten Bildes« zu treten habe. Da Wieland der Musik den Vorrang vor jedem Requisit einräumte, war seine »Entrümpelung« niemals der Gefahr bloß modischen Experimentierens ausgesetzt. Im Grunde hat er nur die spät ausgesprochene Idee seines Großvaters Richard Wagner in die Tat umgesetzt, der am 23. September 1878, nach den ersten Bayreuther Festspielen zu Cosima gesagt hatte: »Ich stehe auf dem Standpunkt, daß Richard Wagner allein schon durch den Bau dieses Hauses, der sich von jedem anderen Theater der Welt in grundsätzlichen Dingen unterscheidet, den Maßstab für die Wiedergabe seines Werkes gegeben hat und daß wir deshalb verpflichtet sind, in Bayreuth anders Theater zu spielen als an anderen Bühnen der Welt. Nachdem ich das unsichtbare Orchester geschaffen, möchte ich auch das unsichtbare Theater erfinden.« Den Kerngedanken dieses Satzes hatte sich Wieland auf seine Fahnen geschrieben: »Wir haben im Jahr 1951 begonnen, einen für die Gegenwart tragfähigen Stil für das Werk Richard Wagners zu finden und wir glauben, daß wir soweit sind, sagen zu können, daß es gelungen ist, nicht nur einen neuen Stil der Wiedergabe zu finden, sondern, was ich für viel wichtiger halte, ein Ensemble aus Sängern aus der ganzen Welt zu versammeln, die geeignet sind, diesen neuen Stil als singende Darsteller im wahrsten Sinne des Wortes völlig und restlos zu erfüllen. Bayreuth ist kein Theatermuseum geworden, wie es sich einige alte Wagnerianer gewünscht haben, sondern Bayreuth sieht seine Aufgabe darin, dem lebendigen Theater in aller Welt und der Wagnerwiedergabe voranzugehen und nicht um Jahrzehnte hinterherzuhinken!«

Mit den MEISTERSINGERN, die Wieland Wagner 1956 herausbrachte, hatte er die letzte Bastion der alten Wagnerianer zerstört, indem er das Nürnberg Hans Sachsens zugunsten einer Shakespearschen Assoziation vollends eliminierte, ohne exakt zu definierenden zeitlich-räumlichen Ort. Der Protest des Publikums und der Presse war groß. »Meistersinger ohne Nürnberg« rief man ihm entgegen. Die Inszenierung wurde ein Skandal. Doch Skandale – künstlerische wie familiäre – sollten künftig zu Bayreuth gehören.

Zu der stilbildenden Garde der Sänger im Bayreuth der Nachkriegszeit gehörte von Anfang an neben Astrid Varnay Martha Mödl; sie war im PARSIFAL die Kundry der ersten Stunde. Aber Martha Mödl zeigte auch als erste Nachkriegs-Isolde singuläre Darstellungskraft. Sie wurde wie Wolfgang Windgassen, Astrid Varnay und Birgit Nilsson zu einer sängerischen Verkörperung Neubayreuths und des Wagnergesangs nicht nur dort, sondern auf der ganzen Welt. Die Mödl ist Bayreuth bis Ende der sechziger Jahre treu geblieben, wo sie zuletzt noch in Wielands RING eine zutiefst anrührende Waltraute sang. Mehr als 30 Jahre nach Wielands Tod beschreibt sie Wieland Wagner folgendermaßen:

»Ich hab von Wieland vor allem gelernt, daß man etwas darstellen kann, ohne irgendein opernhaftes Brimborium um sich herum, daß nur eine einzige Haltung eine ganze Figur ausdrücken kann! Das habe ich erstens mal wirklich von ihm gelernt, daß ich nie über das Ziel geschossen habe. Er hat einem zwar nichts vormachen können, er war genauso eckig wie Furtwängler, aber er hat seine Vorstellungen in Worte kleiden können, so daß man sofort wußte, was er meinte und wie man dies oder jenes machen mußte. Und er hat mir Dinge gesagt, die längst in mir verschlossen waren und nur herausgelockt werden mußten.«

Wieland Wagners erster »blausilberner« LOHENGRIN *von 1958*

Neben Martha Mödl gehörte die damals 20-jährige Sängerin Anja Silja zu den großen Entdeckungen Nachkriegsbayreuths. Vielleicht Wielands größte Entdeckung einer stimmlich wie darstellerisch außerordentlichen Begabung. Die Verkörperung eines Ideals von mädchenhafter Erscheinung und durchschlagender, dramatischer Stimme. Wielands Begeisterung für diese junge Sängerdarstellerin ließ aus gemeinsamer Kunstausübung Liebe werden. Anja Silja wurde auch privat seine Weggefährtin bis zu seinem Tode 1966. Die Silja war Wielands Senta, sie sang in Bayreuth auch die Partien der Elsa, Elisabeth, Freia und Venus, aber auch an anderen Bühnen verkörperte sie in Wielands Inszenierungen die großen, auch die hochdramatischen Wagnerpartien. Anja Silja

Wieland Wagners legendärer TRISTAN *von 1962. 2. Akt,*
mit Birgit Nilsson und Wolfgang Windgassen

betrachtet ihre Jahre mit Wieland Wagner noch heute als den Höhepunkt ihres Lebens: »Das ist eigentlich mein Leben gewesen, und das war unglücklicherweise schon vorbei, als ich erst 26 Jahre alt war. Das ist, wenn man so will, die Tragödie meines Lebens. Damit muß man fertig werden, das ist halt so! Wir brauchten uns beide. Er hat in mir einfach das Ideal gesehen, das wohl auch Richard Wagner sich vorgestellt hatte, eben dieses junge Mädchen für diese Rollen. Das war ja seitdem – weder vorher noch nachher – nie wieder erreicht, daß ein Mädchen eine Isolde mit Neunzehn, eine Senta mit Zwanzig singt. Das hat es noch nicht gegeben, und das war für ihn schlechthin die Erfüllung. Und für mich schlechthin die Erfüllung, daß mich dafür jemand holte und mir das anvertraute, mir das auch zutraute! Wir brauchten uns beide, und das war etwas, was einmalig ist in einem Leben, glaube ich. Deshalb ist es für mich eben so prägend, wie es sonst vielleicht – nur privat – nicht gewesen wäre!«

Den berühmten, in blausilbernen Dekorationen inszenierten LOHEN-GRIN aus dem Jahre 1958, in dem Anja Silja die Elsa und Astrid Varnay die Ortrud sang, hatte Wieland ganz als Mysterienspiel angelegt. Man warf ihm nicht nur bei dieser Inszenierung vor, im Grunde nur kostümierte Oratorien zu inszenieren. Immer wieder hatte Wieland das Wagnerpublikum schockiert. Aber er hatte einen eigenen Stil geschaffen und mit ihm Maßstäbe der Wagnerinszenierung gesetzt, die von Bayreuth auf den Rest der Bühnenwelt ausstrahlten. In Wielands Bayreuther Ära war es noch so, daß das, was man im Festspielhaus zu hören und zu sehen bekam, qualitativ deutlich über das hinaus ging, was an den anderen Opernbühnen in Sachen Wagner gezeigt wurde.

Als Wieland Wagner 1966 – kaum 50 Jahre alt – starb und seinem Bruder Wolfgang das alleinige Erbe der Festspielleitung zufiel, war am Sängerhimmel Bayreuths ein weiterer Stern aufgegangen, die Schwedin Birgit Nilsson. In seiner letzten und vielleicht der symbolischsten seiner Inszenierungen, dem TRISTAN von 1962 mit seinem radikal abstrahierten Bühnenbild, in dem phallische Monolithe in den Himmel ragten und den Eros des Werks beschworen, glänzte die Nilsson in der Partie der Isolde. Es war ein Glanz, dessen Strahlkraft weit über den Tod Wielands hinaus von Bayreuth in die übrige Wagnerwelt strahlte und von dem auch die Ära Wolfgangs noch hell erleuchtet werden sollte. Unter Leitung von Karl Böhm hat die Schwedin Birgit Nilsson diesen TRISTAN als vielleicht expressivste musikalische Ikone einer zu Ende gegangenen Ära für die Nachwelt konserviert.

Werkstatt Bayreuth

Wieland Wagners Tod (1966) und Wolfgang Wagners
Erbschaftssicherung

Rudolf Kempes Ring-Dirigat in den Jahren 1960-1963 war musikalisch eine ebenso große Sensation wie ehedem Wieland Wagners Ring-Inszenierung. Es war eine musikalische Entsprechung zu den szenischen Konzepten Wielands in »Neubayreuth« und endlich auch ein musikalischer Neuanfang, den die vorhergehenden führenden Ring-Dirigenten in Bayreuth, allen voran Hans Knappertsbusch, aber auch Heinz Tietjen, Herbert von Karajan und Clemens Krauss, nicht hatten leisten können. Kempes Ring war die bis dahin musikalisch modernste Interpretation. Er dirigierte einen schlanken, unpathetischen, durchsichtigen und in seinen Strukturen analytisch klaren Ring in straffen Tempi, wie man ihn bis dahin kaum je gehört hatte. Inszeniert hatte Wielands Bruder Wolfgang.

Es war ein musikalisch fulminanter Ring, in dem allerdings schon eine Krise des Wagnergesangs ihre Wirkung zeigte, viele Partien wurden an den vier Abenden mit verschiedenen Sängern besetzt. Aber immerhin: Ein Wagner ohne jede Effekthascherei und ohne jedes hohle Pathos. Nur, daß die Inszenierung von Wolfgang Wagner nach allgemeiner Meinung weniger frisch daherkam. Wolfgang Wagner ging mit seiner Ring-Deutung eher wieder einen Schritt zurück ins Konventionelle. Er zeigte ihn auf einer Scheibe, die in Segmente aufgespalten, vielfältig gehoben und gesenkt, gekippt und verschränkt werden konnte. Eine rein technologische, aber keineswegs inhaltlich »neue« Ring-Interpretation, die für das Kommende bezeichnend gewesen wäre.

Der Tod seines Bruder Wieland 1966 markierte ein abruptes Ende des aufregendsten Kapitels in der Nachkriegsgeschichte der Bayreuther Festspiele. Wolfgang hatte eine Festspielsituation geerbt, die künstlerisch – dank der Neuerungen seines Bruders Wieland – zu den angese-

69

hensten und innovativsten der Welt zählte. Aber schon nach wenigen Jahren der Leitung Wolfgangs hatte die internationale Musikwelt das Gefühl, daß der Bayreuther Innovationsschub nachließ. Die Inszenierungen – nicht nur Wolfgangs eigene – wurden wieder konventioneller, altmodischer und beliebiger. Auch die alte Garde der Wielandschen Sängerdarsteller stand nicht mehr zur Verfügung, sängerische Kompromisse waren – von wenigen Sternstunden abgesehen – an der Tagesordnung. Dirigenten und Regisseure wechselten sich ab, neben Routiniers und Altmeistern wie Karl Böhm, Horst Stein oder Erich Leinsdorf kamen nun auch Newcomer und junge Talente zum Zuge. Die Bayreuther Festspiele wurden zur »Werkstatt Bayreuth«, in der Neuinszenierungen kontinuierlich überarbeitet werden konnten und sollten, und zwar über einen Zeitraum von fünf Jahren. Der letzte RING Wieland Wagners lief im Jahre 1967. 1970 brachte Wolfgang Wagner dann seinen *neuen* RING heraus.

Bei allen Vorbehalten gegenüber Wolfgang Wagners künstlerischen Entscheidungen muß man konstatieren, daß er als Festspielleiter, Manager und Organisator der wohl denkbar bestgeeignete Festspielchef war. Zu seinen größten Verdiensten gehört die Gründung der Richard-Wagner-Stiftung. Es gelang ihm 1977, nach mehrjährigen Bemühungen, ein Übereinkommen zwischen der Wagnerfamilie, der Bundesrepublik Deutschland, dem Land Bayern und anderen Vertretern der regionalen Politik und Öffentlichkeit auszuhandeln, nach dem der gesamte Wagnerbesitz, also das Festspielhaus, die Villa Wahnfried und das Wagner-Archiv in eine Stiftung öffentlichen Rechts umgewandelt wurde. Das kriegszerstörte Haus Wahnfried wurde der Stadt Bayreuth geschenkt, die es der Wagnerstiftung verpachtete und als Richard-Wagner-Museum wiederaufbaute. Das Festspielhaus wird seither von der Stiftung an Wolfgang Wagner verpachtet, der als Festspielleiter auf Lebenszeit bestellt wurde. Damit wurde die private Institution der Festspiele beendet und Bayreuth der nationale Status zugestanden, von dem Richard Wagner einst geträumt hatte.

Seit Wolfgang 1966 alleiniger Festspielleiter wurde, hat er die Jahre hindurch mit klugem Sachverstand alles getan, ihre Fortexistenz zu sichern, juristisch und finanziell. Und er sanierte das Festspielhaus Schritt für Schritt zu einem der bühnentechnisch modernsten Theater der Welt. Darauf ist er zurecht stolz. »Die Quintessenz ist die, daß ich

Wolfgang Wagners RING *auf der »Weltenscheibe« von 1960
in der variierten Wiederaufnahme von 1970*

zumindest die Bayreuther Festspiele durch meine Tätigkeit, soweit
überhaupt menschenmöglich, als gesichert betrachten kann. Deshalb
war mein Hauptanliegen, das ich verwirklichen wollte, die Gründung
der Richard-Wagner-Stiftung. Damals noch zusammen mit meiner
Familie. Und, nicht zu vergessen, auf Initiative meiner Mutter. Die Bayreuther Festspiele waren ja nie ein Familienunternehmen im eigentlichen Sinne, sie wurden immer von einem verantwortlich geleitet, oder
von zweien. Bis 1944 waren Eigentum und Festspielleitung identisch.
Das war nach dem Krieg sowieso nicht mehr möglich. Man hat das dann
getrennt. Und dann kam die Stiftung. Die sollte verhindern, daß even-

tuell durch eine Erbauseinandersetzung das ganze kostbare Wagnersche Manuskriptenmaterial zum Beispiel, oder auch die Bibliothek und
seine ganze Hinterlassenschaft, einschließlich des Festspielhauses,
irgendwie in eine Situation kommt, daß alles durch Familienauseinan-
dersetzungen zerfleddert und kaputt geht.«

Bei den Bayreuther Festspielen des Jahres 1967, Karl Böhm stand am
Pult des Orchesters, versammelte sich im RING noch einmal eine
geschlossene Sängerriege auf höchstem Niveau, wie sie später nur noch
sehr selten zustandekam: darunter Leonie Rysanek, Martha Mödl, Anne-
lies Burmeister, Ludmilla Dvořakova, Helga Dernesch, Anja Silja, Marga
Höffgen, Erika Köth, Theo Adam, Erwin Wohlfahrt, Josef Greindl, Thomas Stewart, Gerd Nienstedt, Martti Talvela und Kurt Böhme.

Zu den größten stimmlichen Entdeckungen Wolfgangs gehörte das
Engagement und die langjährige Festspielbindung der Schwedin Birgit
Nilsson, die er schon 1953 zu seinem ersten LOHENGRIN nach Bayreuth
geholt hatte. Später sang die Nilsson – mit ihren einzigartigen Kraftre-
serven – auch Brünnhilde und Isolde. Sechzehn Jahre hindurch war sie
– die damals weltweit schon als ein Star des Wagnergesangs galt – der
unübertroffene hochdramatische Sopran in Bayreuth. Mit Sarkasmus
konstatiert sie die heutige sängerische Verfassung Bayreuths: »Bayreuth
ist nicht mehr so wie es war, als ich dort war. Es ist auch so, daß man jetzt
nicht mehr vom Festspielhaus Bayreuth spricht. Man sagt ›Werkstatt
Bayreuth‹. Und das deckt ja viel mehr ab. Da kann ja jeder Anfänger in
Bayreuth singen!«

Der Wagnergesang ist seit den siebziger Jahren, als die großen Held-
entenöre und hochdramatischen Soprane alter Schule von der Bühne
abtraten, in einer ernsthaften Krise, die sich zwangsläufig in Bayreuth
besonders bemerkbar macht. Schon Wolfgang Windgassen ist kein Wagnertenor im eigentlichen, heldischen Sinne mehr gewesen, aber sein
schlanker Tenor war eine kultivierte und tragfähige Stimme, stets wort-
verständlich, was Richard Wagner übrigens immer wichtiger war als ein
lautes, großes Stimmorgan.

Ein Glücksfall für den Wagnergesang – und Wolfgang Wagner, der ihn
nach Bayreuth holte, ist es zu verdanken – war René Kollo. Auch er war
weiß Gott kein Heldentenor wie Max Lorenz oder Lauritz Melchior, eher
das Gegenteil, aber zu seiner besten Zeit, in den siebziger Jahren erwies

er sich als ein Tenor, der den Anforderungen Wagners nach Textverständlichkeit und intelligenter sängerischer Phrasierung vollauf Rechnung trug. Seit 1975 sang er in Bayreuth den Parsifal. Er war in dieser Partie eine Tenorsensation wie nur wenige andere gewesen. Seit dem Tod Wolfgang Windgassens wurden immer neue Tenöre ausprobiert, verbraucht und ausgewechselt.

An eigenen Inszenierungen hatte Wolfgang Wagner – neben denen seines Bruders, die noch einige Jahre gezeigt wurden – 1967 einen romantisch-konventionellen Lohengrin hinzugefügt. In ihm sang der Ungar Sandor Konya einen belcantischen Schwanenritter. Wolfgang reanimierte im Jahre 1970 auch seine Ring-Inszenierung mit dem spöttischerweise als »faltbare Untertasse« bezeichneten Bühnenbild. Dafür engagierte er den profunden Wagnerdirigenten Horst Stein. Ein farbglühender, magisch-expressiver Parsifal löste den seines Bruders, der 23 Jahre hindurch auf dem Programm stand, ab. 1968 inszenierte er in einem Rückfall in Vor-Wielandsche Zeiten Die Meistersinger mit einem Butzenscheiben-Nürnberg, fränkischer Festwiese und biederem Fachwerkgemäuer. Die Meistersinger avancierten zum Lieblingsstück Wolfgangs, das er künftig noch mehrfach inszenieren sollte. Im Kreis der zumeist eher durchschnittlichen Regiearbeiten der ersten zehn Jahre nach Wielands Tod hatte eigentlich nur der Tannhäuser Sensationscharakter, den Götz Friedrich, damals DDR-Regisseur an Ost-Berlins Komischer Oper, 1972 als modernes Künstlerstück mit gesellschaftskritischem Anliegen in Bayreuth inszenierte. Es war der Einzug modernen, gegenwartsbezogenen Regietheaters mit seinen Aktualisierungen in Bayreuth.

Daneben inszenierte August Everding 1969 einen Fliegenden Holländer, 1974 einen Tristan, beides in wenig aussagekräftigen modernistischen Bühnenbildern von Josef Svoboda mit gespannten Plastikschläuchen, umfangreicher Lichtregie, allerhand Reflektoren und Leinwandkonstruktionen. Szenisch aufregend war das keineswegs.

Allerdings gelang es Wolfgang Wagner, musikalisch noch einmal für eine Sensation zu sorgen, indem er Carlos Kleiber als Tristan-Dirigenten verpflichtete, wenn auch nur für eine Saison. Auch die engagierten Sänger waren noch einmal eine Traumbesetzung: Helge Brilioth sang den Tristan und die junge Catarina Ligendza die Isolde.

Gegen das, womit das Bayreuther Publikum im Jubiläumsjahr, der anstehenden Hundertjahrfeier der Bayreuther Festspiele im Jahre 1976, überrascht werden sollte, war Wolfgang Wagners eigene MEISTERSINGER-Inszenierung unter Leitung von Silvio Varviso eher mittelmäßig. Immerhin: Karl Ridderbusch sang in dieser Inszenierung einen markanten Hans Sachs. Der Chor der Bayreuther Festspiele präsentierte sich wie immer als mit Abstand bester deutscher Opernchor. Der Nachfolger von Wilhelm Pitz, der ihn 1951 aus dem Nichts heraus aufgebaut hatte, war Norbert Balatsch, auch er einer der herausragenden Chorleiter nach dem Krieg.

Hundert Jahre Bayreuth

Chéreaus »Jahrhundert-Ring« (1976) und politische Diskussionen
um Wagner und die Deutschen

Wolfgang Wagner hat die Bayreuther Festspiele seit dem Tod seines Bruders 1966 in Alleinverantwortung geleitet und in der darauf folgenden Dekade zu einem jedenfalls kaufmännisch äußerst erfolgreichen Unternehmen entwickelt. Die letzten Inszenierungen seines Bruders nahm er nach und nach aus dem Repertoire und inszenierte selbst den Lohengrin, Die Meistersinger und den Parsifal neu. Es waren handwerklich solide, aber nicht eben aufregende Inszenierungen, die sich auch nicht des großen Zuspruchs der Öffentlichkeit erfreuten.

Seit 1969 hat Wolfgang Wagner die Bayreuther Bühne anderen Regisseuren, etwa August Everding und Götz Friedrich, überlassen. Letzterer, immerhin, sorgte mit seinem aktualisierten, gesellschaftskritischen Tannhäuser im Jahre 1972 für eine Sensation. Der »Werkstatt«-Charakter Bayreuths hatte das ursprüngliche Ideal Richard Wagners, in Bayreuth Modellinszenierungen zu entwickeln, endgültig abgelöst. Wielands Inszenierungen als »work in progress« existierten nicht mehr, und die neuen Inszenierungen waren nicht mehr Ziel- sondern oft nur Ausgangspunkte von Sänger-, Dirigenten- und Regisseurskarrieren. Vor allem im sängerischen Bereich entwickelte Wolfgang Wagner die Strategie, junge, noch keineswegs arrivierte Sänger in Bayreuth auszuprobieren und zu großen Stimmen aufzubauen, auch wenn deren Größe gelegentlich zweifelhaft und nur von kurzer Dauer war. Eines der letzten überragenden sängerischen Glanzlichter steckte den Bayreuther Festspielen der ungarische Tenor Sándor Kónya im ersten Parsifal auf, nur wenige Wochen nach Wieland Wagners Tod. Er gab einen ganz im Geist des Belcanto gesungenen Parsifal. Wieland Wagner hatte ihn, wie auch Karl Böhm, noch engagiert.

Aber unter Wolfgang Wagners Verantwortung zeichneten sich in Bayreuths Dirigentenriege zwischen 1966 und 1976 schwerwiegende Veränderungen ab. Karl Böhm, Rudolf Kempe und Pierre Boulez blieben fortan den Festspielen fern, Erich Leinsdorf trat nur eine Saison in Bayreuth auf; die großen Dirigenten der Zeit wurden nicht nach Bayreuth geladen oder verweigerten sich ihm. Es kam eine Phase eher solider Bayreuther Alltagskost mit Kapellmeistern wie Alberto Erede, Silvio Varviso, Heinrich Hollreiser und Horst Stein. Letzterer immerhin beherrschte sein Handwerk so perfekt wie nur wenige andere Bayreuther Dirigenten seiner Zeit. Und er sollte in den ersten beinahe zwanzig Jahren der Ära Wolfgang Wagners zu einer der zuverlässigsten Stützen des gediegenen Bayreuths werden, war aber auch außerhalb Bayreuths ein international geschätzter Wagnerdirigent.

Solidität in szenischer, bühnentechnischer und sängerischer Hinsicht war das Kennzeichen Bayreuths in den späten sechziger- und der ersten Hälfte der siebziger Jahre. Die wirklich aufregenden Wagnerproduktionen fanden allerdings andernorts statt. In Kassel oder Leipzig etwa, wo Ulrich Melchinger beziehungsweise Joachim Herz auf unterschiedliche, aber aufsehenerregende Weise gegen konventionelle Lesarten des Rings angingen. Bayreuth war trotz des klangvollen Namens, der das Publikum aus aller Welt nach wie vor anzog, nicht mehr die Nummer Eins des Wagnertheaters. Das änderte sich zur Hundertjahrfeier 1976, als Wolfgang Wagner, dem cleveren Routinier und kommerziell erfolgreichen Bayreuther Firmenchef ein nicht zu überschätzender Clou gelang. Er hatte ein Ring-Produktionsteam verpflichtet, das eine der sensationellsten Inszenierungen Bayreuths und des Wagnertheaters überhaupt auf die Bühne brachte. Dieses französische Team brachte eine Aufführung zustande, die trotz heftigster anfänglicher Proteste des Publikums innerhalb kürzester Zeit als »Jahrhundert-Ring« apostrophiert wurde. Kein Wunder: Patrice Chéreau, ein junger französischer Schauspielregisseur, sein Bühnenbildner Richard Peduzzi und sein Kostümbildner Jacques Schmidt hatten einen so vielschichtigen, politisch brisanten und sinnlichen Ring produziert, wie ihn Bayreuth, ja die Welt noch nicht gesehen hatte. Außerdem konnte der Komponist und Dirigent der Avantgarde, Pierre Boulez, der schon Wielands Parsifal entpathetisiert hatte, erneut für Bayreuth gewonnen werden, der musikalisch für eine unweihevolle Verschlankung dieses szenischen Ereignisses sorgte.

Patrice Chéreau, der Regisseur des Bayreuther »Jahrhundert-RING« beteuerte zwar mehrfach, er habe seiner Inszenierung keine Zentralidee zugrundegelegt, aber die an George Bernard Shaw und Karl Marx orientierte Gesellschaftskritik seines RING-Konzeptes war unübersehbar. In plastischen, einprägsamen Bildern und in prächtigen Kostümen des neunzehnten Jahrhunderts konfrontierte Chéreau, gemeinsam mit seinem phantasievollen Ausstattungsteam, den Frühkapitalismus der Gründerzeit mit modernem Präfaschismus, antiken Mythos mit romantischem Märchen, subtiles Psychodrama mit packendem Polittheater. Die Inszenierung vereinte burlesken Spielwitz und hochgespannte, konzentrierte Personenführung, Poesie und Aufklärung. Die Dekorationen haben geradezu Theatergeschichte gemacht: Man denke an den riesigen Staudamm, an dem wollüstige Dirnen das Rheingold bewachten, ebenso wie den dem Böcklinschen Gemälde der Toteninsel nachempfundenen Brünnhildenfelsen, an die Renaissance-Palazzo- und Gründerzeitfassaden, die Naturstimmung der Siegmund und Sieglinde-Szene in der WALKÜRE, den pyrotechnisch imposanten Feuerzauber, den brennenden Scheiterhaufen vor städtischer Backsteinarchitektur am Ende der GÖTTERDÄMMERUNG, in den sich die darstellerisch überragende Gwyneth Jones als Brünnhilde stürzt, beobachtet von Zeitgenossen eines bürgerlichen – von unserem nicht allzuweit entfernten – Zeitalters, die dem allegorischen Fanal dieser kapitalismuskritischen Parabel betroffen zusehen. Aber auch der Bilderbuchdrachen im SIEGFRIED und die Dampfmaschinenwelt der Schmiede Mimes, den Heinz Zednik zu einer herausragenden singschauspielerischen Charakterstudie gestaltete, sind zu nennen.

Der RING Patrice Chéreaus und seines Teams, der aus heutiger Sicht einer der größten Erfolge Bayreuths war, wurde bei der Premiere keineswegs freundlich aufgenommen. Im Gegenteil: Die wütenden Proteste des Publikums überschritten alles bisher Dagewesene. Die Wagnerfundamentalisten unter den konservativen Wagnerianern bildeten sogar einen »Aktionskreis für das Werk Richard Wagners«, um gegen diese Inszenierung anzukämpfen, erfolglos allerdings. Wolfgang Wagner verteidigte die Produktion gegen alle Widerstände.

Die Zeit gab Wolfgang Wagner Recht. 1980, bei der letzten Aufführung

Brünnhildes Felsen in Patrice Chéreaus »Jahrhundert-Ring« 1976

des Chéreau-»Rings«, hatte das internationale Publikum längst begriffen, daß es einer theatergeschichtlichen Sternstunde beigewohnt hatte. Es spendete den Beteiligten auf und unter der Bühne zum Abschied neunzigminütige Ovationen. Nach Chéreau, so war man sich einig, war im Wagnertheater nichts mehr wie vorher.

Aber auch ansonsten hatte sich einiges verändert, denn 1976 hatte sich Wolfgang Wagner nach 33 Jahren Ehe von seiner Frau scheiden lassen; er heiratete Gudrun Mack, eine seiner Sekretärinnen, und feuerte Eva Wagner, seine Tochter, die er nach Wielands Tod als Mitarbeiterin ins Bayreuther Festspielunternehmen geholt hatte. Seinem aufmüpfigen Sohn Gottfried erteilte er Hausverbot. Seither verhärteten sich die zerstrittenen Familienverhältnisse des Wagnerclans zusehends: Der Bruch

Patrice Chéreaus »Jahrhundert-Ring« 1976 GÖTTERDÄMMERUNG –
Schlußbild mit Gwyneth Jones als Brünnhilde

Wolfgang Wagners mit allen anderen Mitgliedern der Familie und sein
Alleinherrschaftsanspruch als Chef der Bayreuther Festspiele war ein
für allemal zementiert. Nike Wagner, die kluge Tochter Wieland
Wagners, hatte in einem 1976 erschienenen Bildband über die Familie
Wagner zurecht – und durchaus prophetisch – geschrieben, diese ihre
Familie sei »ein Atridenclan, in dem Väter die Söhne kastrieren und Müt-
ter sie liebend erdrücken, in dem Mütter ihre Töchter verstoßen und
Töchter ihre Mütter verketzern, in dem Brüder einander auf die Füße
treten und Brüder gegen Schwestern aufstehen wie Schwestern gegen
Brüder, in dem Töchter totgeschwiegen werden und Schwiegertöchter
verdrängt, in dem Männer weiblich sind und die Weiber männlich, und
in dem ein Urenkel dem andern schon an der Leber knabbert.«

Das Bayreuth Wolfgang Wagners wurde seit 1976 durch Familienangehörige der Wagnersippe zunehmend attackiert. Es gehört seit 1976 geradezu zum alljährlichen Ritual der Festspieleröffnung, daß sich mindestens eines der von Wolfgang ausgegrenzten oder verstoßenen Familienmitglieder provokativ oder skandalös, jedenfalls medienwirksam zu Wort meldet. Aber auch von anderer Seite wurde Wolfgang Wagner attackiert: Eine Anzahl von Publikationen zur Hundertjahrfeier Bayreuths erschien mit eindeutiger Stoßrichtung gegen die politisch bedenkliche Rolle Bayreuths im Prozeß der politischen Geschichte Deutschlands. Michael Karbaum, der eine profunde, halboffizielle Studie zu den ersten hundert Jahren Bayreuther Festspiele veröffentlichte, hatte als erster den Finger auf die Wunden gelegt und auf die heikle politische Wirkungsgeschichte Bayreuths hingewiesen, die enge Verstrickung Bayreuths in die rechte Bewegung, vor allem in die nationalsozialistische Politik offengelegt und dokumentiert. Aber auch Walter Scheel, der deutsche Bundespräsident und Ehrengast der Hundertjahrfeier Bayreuths, hatte für Verstimmung gesorgt, als er in seiner Festrede sagte: »Bayreuths Geschichte ist ein Teil deutscher Geschichte. Seine Irrtümer sind die Irrtümer unserer Nation gewesen. Und in diesem Sinn ist Bayreuth eine nationale Institution geworden, in der wir uns selbst erkennen können. Die dunklen Kapitel deutscher Geschichte und Bayreuther Geschichte können wir nicht einfach wegwischen.« Eine Feststellung, die den affirmativen Rahmen der Festveranstaltung sprengte und für empfindliche Irritationen sorgte. Auch die filmische Veröffentlichung eines fünfstündigen Interviews, das Winifred Wagner dem Filmemacher Hans Jürgen Syberberg gegeben hatte, eskalierte zu einem Skandal, denn Wolfgang Wagners Mutter hatte sich darin in keiner Weise von Adolf Hitler und der Wagnervereinnahmung des Dritten Reiches distanziert, im Gegenteil, sie bekannte sich ungebrochen zur Freundschaft zu Hitler und ignorierte alle Greuel der NS-Zeit. Wenn Hitler heute vor ihrer Tür stünde, so sagte sie sinngemäß, würde sie ihn genauso herzlich wie damals Willkommen heißen.

Der obsessivste Antiwagnerianer der siebziger Jahre war zweifellos der Münchner Germanist Hartmut Zelinsky, der mit seinem Buch »Richard Wagner – Ein deutsches Thema« in ein Wespennest stach und eine Flut von weiteren Folgeschriften auch anderer Autoren nach sich zog. Auch er dokumentierte die fatale politische Wirkungsgeschichte Richard Wagners bis ins Dritte Reich. Seit der Veröffentlichung dieses Buches hat nicht nur die deutsche, sondern die internationale Wagnerforschung ihre Richtung geändert. Sie hat, anstatt sich auf psychologische, entstehungsgeschichtliche, musikalische und geistesgeschichtliche Fragestellungen zu kaprizieren, nunmehr vor allem Wagners Werk und Person in den Mittelpunkt wirkungsgeschichtlicher und politischer Fragen gerückt, die nach 1945 eher vernachlässigt wurden.

Allerdings hat Hartmut Zelinsky, der den Anstoß zu diesem Kurswechsel in der öffentlichen Diskussion um Wagner gab, das Kind mit dem Bade ausgeschüttet, indem er Hitler offenbar mehr glaubte als Wagner und ein willkürlich zusammengesuchtes, angeblich systematisch antisemitisches, rassistisches Vernichtungsdenken als Werkidee aller Musikdramen Wagners konstruierte und dies mit Hilfe teilweise aberwitziger Zitatmontagen.

Es dauerte einige Jahre, bis die ebenfalls 1976 erstmals veröffentlichten Tagebücher Cosima Wagners, also Wagners zweiter Ehefrau, als wichtigste Quelle der neueren Wagnerforschung erkannt und als Korrektiv zu Zelinskys Thesen zurate gezogen wurden. Mittlerweile hat die überwiegende Wagnerforschung die Wagnerattacken Zelinskys und seiner Schüler bzw. Adepten widerlegt oder zumindest in ihre Schranken verwiesen.

Jeder Versuch, Wagner einseitig zu erklären, schlägt fehl, denn Wagner war die Verkörperung von scheinbar Unvereinbarem. Er war alles gleichzeitig: jungdeutscher Fürsprecher einer befreiten Sinnlichkeit und Erotik auf der einen, mystischer Ekstatiker keuscher Gralsritter auf der anderen Seite, Zerstörer bürgerlicher Institutionen und doch ihr repräsentativer Gourmet, Gesinnungsgenosse des Anarchisten Bakunin und Seelenfreund des verträumten Königs Ludwig des Zweiten von Bayern, Bürgerschreck und Luxusgeschöpf, Verächter des Eigentums an Palästen und stolzer Hausherr zu Wahnfried, europäischer Kosmopolit und Nationalpatriot, Hanswurst-Kasperl und Faust. Beide Figuren liebte Wagner zeitlebens, beide wollte er musikalisch verewigen. Zur Komposition einer Kasperl-Musik ist es leider nicht gekommen, wohl aber zur Komposition einer »Faustouvertüre« und zweier Mephistophelischer Lieder frei nach Goethe!

HUNDERT JAHRE »PARSIFAL«

Am Jubiläums-PARSIFAL (1982) entzünden sich die Debatten
um Wagners Antisemitismus

Zum hundertsten Jubiläum der Bayreuther Festspiele 1976 inszenierte
der Franzose Patrice Chéreau den »Ring des Nibelungen« Richard Wagners. Es war ein Höhepunkt der Festspielgeschichte. Er war auch musikalisch ein Ereignis. Die Produktion wurde bis 1980 gezeigt, wie ja jede
Produktion Bayreuths im Schnitt fünf Jahre lang gegeben und jedes Jahr
neu einstudiert und verändert, oft auch verbessert wird.

Wolfgang Wagner brachte 1981 eine neue eigene Inszenierung der
MEISTERSINGER heraus, die Kritiker waren sich fast alle einig: die Produktion sei altbackener denn je, fränkisch volksnah und vordergründig.
Inzwischen hatte der Berliner Regisseur und Opernintendant Götz Friedrich – sieben Jahre nach seinem TANNHÄUSER-Skandal – einen neuen
LOHENGRIN inszeniert, in sehr abstrakten, technologisch-sterilen,
schwarz-stählernen Bühnenbildern Günther Ueckers, die bei Publikum
und Presse wenig Verständnis fanden. Auch musikalisch war die Produktion keine herausragende. Dagegen war Jean-Pierre Ponnelles
Debüt am Grünen Hügel mit dem TRISTAN 1981 zumindest ein bildneri-
sches Ereignis: so französisch-impressionistisch, so malerisch-farben-
reich und poetisch-romantisch hatte man noch keinen TRISTAN in Bayreuth erlebt. Der zweite Akt, der unter einem riesigen, ständig die Farben wechselnden Laubbaum an einer sprudelnden Quelle zwischen Far-
nen und Moosen spielte, hat sich zweifellos jedem Festspielbesucher
nachhaltig eingeprägt. René Kollo und Johanna Meier als Titelpaar,
Matti Salminen als König Marke und Hanna Schwarz als Brangäne bildeten ein vorzügliches Ensemble, darin waren sich alle Kritiker einig.
Über die Leistungen des Dirigenten Daniel Barenboim hingegen gingen
die Meinungen weit auseinander. Sein TRISTAN-Dirigat spaltete Publikum

und Presse; die einen hielten ihn für den allerschlechtesten Dirigenten, der jemals in Bayreuth am Pult gestanden hatte, die anderen für den neuen großen Wagnerinterpreten. Tatsache ist, daß Barenboim von 1981 an bis Ende der neunziger Jahre neben James Levine und Giuseppe Sinopoli zu einer Bayreuther Institution, zu einem der drei Hauptdirigenten Bayreuths wurde. Alle drei sollten künftig abwechselnd den RING leiten. Und jeder brachte seine Sängerriege mit, die ebenso in Berlins Staatsoper Unter den Linden, an der New Yorker Metropolitan Opera wie in Wien zu hören war. Bayreuth wurde dadurch musikalisch austauschbarer denn je.

Als das Jahr 1982 nahte, in dem sich die Uraufführung des PARSIFAL zum hundertsten Male jährte, wollte Wolfgang Wagner natürlich einen neuen Höhepunkt setzen. Er verpflichtete Götz Friedrich mit einer Neuinszenierung des »Bühnenweihfestspiels«. Andreas Reinhardt war der Ausstatter dieser Produktion. Seine Bühnenbilder waren zumindest ungewöhnlich; er installierte einen quasi quergelegten Raum, der gleichermaßen an Gralstempel, Katakomben oder ein Mausoleum denken ließ, wobei die eindeutigen Grenzen zwischen oben und unten, hinten und vorn, Tiefe und Höhe verschwammen. Zweifellos waren die Worte des Gurnemanz »Du siehst, mein Sohn, zum Raum wird hier die Zeit« der Ausgangspunkt dieser Bühnenbildidee.

Der »Jahrhundert-PARSIFAL« von Götz Friedrich und Andreas Reinhardt war allenfalls kalendarisch ein Jahrhundertwerk. Künstlerisch blieb er hinter den in ihn gesetzten Erwartungen zurück. Immerhin war er architektonisch bemerkenswert. Das Publikum hatte den Eindruck, als hätte der Bühnenbildner den Palazzo Civiltà Italiana in der Nähe Roms von innen nach außen gekehrt und dann auf die Seite gelegt wie einen Turm, von dessen Fuß man in die Spitze schauen konnte. Darin tummelten sich die Blumenmädchen wie Prostituierte, Klingsor trat mit einem mobilen High-Tec-Labor auf. Es war ein säkularisierter PARSIFAL, den Götz Friedrich zeigte, ein gesellschaftlicher Kommentar ohne religiöse Bedeutung; eine elitäre, geschlossene Gesellschaft hatte ihr Mitleid und ihre Menschlichkeit verloren, was sie an den Rand des Zusammenbruchs brachte. Am Ende schimmerte nur das Utopia einer friedlichen Gesellschaft auf. Eine Konzeption, mit der sich der Dirigent James Levine – wie er öffentlich bekannte – nicht anfreunden konnte. Er ließ den PARSIFAL in unendlich langsamen Tempi spielen, die Publikum wie Kritikern enorme Geduld abverlangte. Unbeirrt und gegen die Intentionen des Regie-konzepts dirigierte Levine »einen religiösen Gottesdienst mit schöner Musik«, wie ein Kritiker nicht zu Unrecht meinte. In der Premierenserie feierte die genau drei Jahrzehnte zuvor von Wieland Wagner entdeckte Leonie Rysanek – inzwischen ein internationaler Star am Ende seiner Karriere – ihr Bayreuther Comeback als Kundry, was zumindest als fas-zinierende Kuriosität gelten konnte. Aber schon im folgenden Jahr ersetzte man sie durch eine junge, vielversprechende Mezzosopranistin, die fortan in Bayreuth und von Bayreuth aus Karriere machen sollte: Waltraud Meier.

Der »Jahrhundert-Parsifal« Götz Friedrichs und James Levines offen-barte keine wirklich neuen Einsichten in das »Weltabschiedswerk« Richard Wagners. Der PARSIFAL ist eine ästhetische Provokation, ein Gegenentwurf zur Bürgerwelt und enthält für uns heute noch immer Sprengsatz. Er ist keinesfalls religiösem, sakralem, sondern utopischem Denken verpflichtet! Zahlreiche Buch- und Zeitschriftenveröffentli-chungen im Umkreis des »Jahrhundert-PARSIFALS« wollten allerdings das Gegenteil glauben machen. So wie die öffentliche Diskussion um Wag-ner und sein Werk 1976 hinsichtlich der politischen Wirkungsgeschich-te aufflammte, entzündete sich Anfang der achtziger Jahre eine kontro-verse, mit heftigen Emotionen und zuweilen scharfer Polemik geführte Debatte um Wagners Antisemitismus, der sich angeblich – so der Haupt-gedanke dieser Publikationen – besonders im PARSIFAL manifestiere. Die zum Teil absurden Behauptungen, die in Umlauf gebracht wurden, gip-felten in der These des Germanisten Hartmut Zelinsky, des lautstärksten und obsessivsten der Wagnerverächter, im PARSIFAL kulminiere eine Wagnersche »Vernichtungsideologie«, eine rassistische »Blutideologie«, in der »die Erlösung des arischen Jesus vom Judentum den zentralen Hintergrund« bilde. Eine absurde Behauptung! Immerhin hatte Wagner selbst am 14. Dezember 1881 gegenüber seiner Gattin Cosima mit Nach-druck hervorgehoben, daß der PARSIFAL sein »versöhnendstes Werk« sei. Der PARSIFAL ist, wie Wagner es selbst formulierte, seine »letzte Karte«. Eine sehr persönliche Lebenssumme auch in handwerklich-komposi-tionstechnischer Hinsicht. In nahezu sämtlichen Gestalten und wesent-lichen Handlungsmomenten auch eine Rekapitulation des Wagnerschen Gesamtwerks, und insofern tatsächlich ein »Weltabschiedswerk«.

Götz Friedrichs und Andreas Reinhardts Parsifal *von 1982,*
(Gralsszene, Akt 1)

Wagner hat übrigens allen Spekulationen über eine christlich-religiöse Intention des Werks, darüber, daß Parsifal ein Abbild Christi sei, am 20. Oktober 1878 im Gespräch mit Cosima eine eindeutige Absage erteilt: »Ich habe an den Heiland dabei gar nicht gedacht«, hat er Cosima gesagt. Sie notierte es in ihrem Tagebuch. Es geht im Parsifal auch nicht um Rassenkonflikte, nicht um den Gegensatz von Judentum und Christentum, sondern einzig und allein um den Gegensatz von heidnischer Sinnlichkeit und christlicher Askese, von Sexualität und Verzicht, Egoismus und Mitleid, Eros und Agape oder anders gesagt, um Moral und Amoralität. Ein Gegensatz, der das gesamte Oeuvre Wagners seit dem Tannhäuser durchzieht.

Harry Kupfers Bayreuther Ring von 1988 war insofern ein Lichtblick, als der vorherige ein beispielloser Mißerfolg gewesen war. Zweifellos mußte es nach Chéreaus »Jahrhundert-Ring« jeder neue Ring schwer haben. Aber Peter Halls und Georg Soltis Ring, der 1983 die Chéreau-Inszenierung ablöste, wurde allgemein als einer der größten Flops Bayreuths betrachtet. Schon wegen der teilweise deprimierend biederen und einfallslos vordergründigen Regiearbeit Peter Halls, über die selbst Friedelind Wagner (die Schwester Wolfgang Wagners) in der Münchner Abendzeitung meinte, es sei »die größte Amateur-Show«, die sie je gesehen habe. Ein namhafter Kritiker sprach bereits von der »Bayreuth-Dämmerung«. Auch Georg Solti, der überragende Wagner-Dirigent, hatte erstaunlicherweise in Bayreuth keine Fortüne. Nach dem ersten Ring-Jahr kehrte er nicht mehr nach Bayreuth zurück. Auch Regisseur und Ausstatter weigerten sich, diesen Ring noch einmal in Angriff zu nehmen. Bedauerlich war es vor allem deshalb, weil Hildegard Behrens' Brünnhilde unter diesem Regiekonzept litt.

Bei Harry Kupfers fünf Jahre nach Solti inszeniertem Ring konnte man gegenüber Peter Halls anspruchsloser Produktion eher ein Zuviel an Aktion, an ideologischem Ballast und Aussagewillen feststellen. Kupfer wollte mit einem Optimum an neuer Bühnentechnologie und aktionistischer Personenführung eine zeitgemäße Parabel darüber erzählen, wie die Mächtigen betrügen, lügen, terrorisieren und töten, um ihr egoistisches Macht- und Besitzstreben zu befriedigen und dabei die Unschuldigen – die ganz normalen Menschen also – zerstören, und damit letztlich auch sich selbst. Mit einer aufwendigen Laserstrahleninstallation, mit metallglänzenden Industriearchitektur-Fragmenten und eindeutigen optischen Anspielungen ans Hier und Heute wagte dieser Ring wenigstens eine konkrete und politische Aussage jenseits eines vordergründigen Mummenschanzes, der den Ring Peter Halls von vornherein disqualifizierte.

Trotzdem wurde eines deutlich: Auch Bayreuth konnte sich inzwischen den kommerziell orientierten Gesetzen einer Vernetzung von Marketingstrategien nicht mehr widersetzen. Nahezu das gesamte Sängerensemble des Kupfer-Barenboim-Rings wurde anschließend auch in der Ring-Produktion der Berliner Staatsoper eingesetzt. Ganz selbstverständlich hat sich natürlich auch Bayreuth mittlerweile in großem Stile multimedial vermarkten lassen. Auf Video- und CD-Produktionen namhafter Plattenfirmen sind deren Bayreuther Stars allgegenwärtig.

WAGNER IM DRITTEN JAHRTAUSEND

Der »Ring 2000«, Leitungsfragen, Zukunftsaussichten Bayreuths und Aktualität Wagners

Der FLIEGENDE HOLLÄNDER, den Giuseppe Sinopoli seit 1990 dirigierte, war eine der interessantesten Inszenierungen der letzten 10 Jahre vor dem Jahrtausendwechsel. Dieter Dorn hatte gemeinsam mit dem Bühnenbildner Jürgen Rose einen optisch außerordentlich suggestiven Traum in Szene gesetzt: den Traum vom rastlosen Odysseus auf der Suche nach erlösender Liebe, eine Verknüpfung der Legenden vom »ewigen Juden der Meere« und des Sisyphus. Mit nie dagewesenen technischen Effekten hob sich in der Inszenierung die Spinnstube der Mädchen wie von Geisterhand bewegt in den nächtlichen Sternenhimmel und drehte sich vertikal um die eigene Achse. Ein unvergessliches Sinnbild für die von jeglicher Realität abhebende Liebe zwischen Senta und dem Holländer.

Auch der vom Dramatiker Heiner Müller 1993 inszenierte TRISTAN bleibt in Erinnerung. Das liegt vor allem an den magisch-abstrakten, geradezu verstörend unrealistischen Bildern Erich Wonders, auch wenn sie ganz bewußt nicht die Handlung des Musikdramas widerspiegeln sollten. Aber auch der LOHENGRIN, den der Filmregisseur Werner Herzog 1987 in nie dagewesener – geradezu filmischer – Romantik auf die Bühne brachte, gehörte zu den Highlights Bayreuths in jenen Jahren. Dichtes Schneetreiben, gotische Architektur, echtes Wasser auf der Bühne, eine verschwenderische Kostümpracht und ein laser- und nebelilluminierter Auftritt des Schwanenritters, wie er zuvor nur als Science-Fiction-Wunder im Kino denkbar war – all das bot Herzog auf.

1994 inszenierte Alfred Kirchner mit geschmäcklerisch-postmodernen, im Grunde beliebigen Bühnenbildern der Ausstatterin Rosalie einen RING, den James Levine dirigierte. Es war ein RING, der weder politisch noch theaterästhetisch Stellung bezog. Um so mehr war man auf die für das Jahr 2000 geplante RING-Neuinszenierung Jürgen Flimms und Erich Wonders gespannt, die nun von Giuseppe Sinopoli dirigiert wurde. Ein RING in farbintensiven, illusionären, an Industrie- und Verwaltungsarchitektur erinnernden Bildern einer modernen westlichen Industrienation mit weitgehend zerstörter Natur. Der Bühnenzauberer Erich Wonder und der ehemalige Chef des Hamburger Thalia Theaters, Jürgen Flimm, erzählen ganz unopernhaft und in Bildern unserer heutigen Zeit die immer noch aktuelle Geschichte einer durch Politik ruinierten, durch Macht korrumpierten Welt, aber auch die Geschichte einer dem Ende geweihten Gesellschaft, in der Liebe und Moral keinen Platz mehr haben. Dazu Jürgen Flimm: »Wir haben es schon über die realistische Erzählweise versucht, es mag vielleicht nicht in allen Bereichen gelungen sein, den ›Ring‹ ganz nah an uns ranzuholen, ihn nicht durch mythischen Nebel zu verstellen.«

Die Premiere des neuen Bayreuther RINGS, dessen Zyklus man wie immer dreimal komplett zeigte, wurde mit größter Aufmerksamkeit der internationalen Presse verfolgt. Noch immer sind die Bayreuther Festspiele nicht nur das wichtigste und bedeutendste deutsche Festival, sondern auch international eines der meistbeachteten. Der »Ring 2000« ist – schon wegen des Bayreuth-Debüts der neuen »Hochdramatischen«, Gabriele Schnaut, als Brünnhilde und des Dirigats Giuseppe Sinopolis – zu dem erhofften Event geworden. Mit Wolfgang Wagners eigener MEISTERSINGER-Inszenierung, mit der er sich 1996 wenig rühmlich als Regisseur verabschiedete, gab Christian Thielemann in der Wiederaufnahme des Jahres 2000 seinen dirigentischen Einstand in Bayreuth. Der geschäftstüchtige Shooting-Star unter den Nachwuchsdirigenten und Nachwuchsstar einer renommierten Schallplattenfirma ist als Person und Dirigent heftig umstritten. Dennoch wurde er auch für den neuen TANNHÄUSER im Jahre 2002 und auch für den nächsten RING im Jahre 2006 verpflichtet. Mit einem von der Kritik überwiegend als desaströs bezeichneten PARSIFAL gab auch der Dirigent Christoph Eschenbach seinen Einstand am Grünen Hügel. Bayreuth ist offensichtlich nicht mehr, was es einmal war: die Bühne der besten Wagnerinterpreten. Was ja auch am Beispiel überforderter bzw. »verheizter« Tenöre wie Peter Hofman, Paul Frey und vor allem Siegfried Jerusalem deutlich wurde, um

»Rheingold«-Szene aus Erich Wonders und Jürgen Flimms Ring 2000

nur die eklatantesten Fälle zu nennen. Gelegentliche Engagements des Startenors Placido Domingo – der sich, obwohl eher Belcanto- als Wagnertenor, in den Partien des Parsifal und des Siegmund stimmlich höchst achtbar präsentierte – können darüber nicht hinwegtäuschen.

Sängerquerelen um Hans Sotin und Waltraud Meier, der inzwischen übliche Familienklatsch, aber vor allem die Frage des Nachfolgers Wolfgang Wagners als Festspielchef beherrschen das gegenwärtige Bayreuth. Das Auf und Ab der teils provozierenden, teils unappetitlichen Wortgefechte, ja Schlammschlachten, der wiederholten Vorstöße und Rückzieher einiger Kandidaten hat für viel Aufregung, böses Blut und Ärger gesorgt, in der Öffentlichkeit, beim Publikum, bei Kulturpolitikern und natürlich auch beim amtierenden Festspielchef.

Seit Wolfgang Wagner im März 1999 selbst den Anstoß zur Diskussion um seinen künftigen Nachfolger gab, dreht sich das Bewerberkarussell. Eine starke Frau oder ein starker Mann ist im Bayreuth der Zukunft gefragt. Als Kandidatin um die Nachfolge Wolfgang Wagners bewarb sich neben mehreren familienfernen Interessenten vor allem die Nichte Wolfgangs, Nike Wagner. Sie ist die Tochter von Wieland Wagner. Beworben haben sich auch Wolfgangs verstoßener Sohn Gottfried sowie die kaum öffentlich von sich Reden machende Tochter Wolfgangs aus erster Ehe, Eva Wagner-Pasquier, und Gudrun Wagner, die zweite Ehefrau Wolfgang Wagners, die seit mehr als zwanzig Jahren in der Festspielleitung mitarbeitet. Über den Nachfolger des jetzigen Festspielleiters hat allerdings ausschließlich der Stiftungsrat der Richard-Wagner-Stiftung zu entscheiden. Wie in der Stiftungsurkunde von 1973 nachzulesen ist, ist das entscheidende Kriterium der Ernennung die fachliche Befähigung. An sich haben, so steht es schwarz auf weiß, Mitglieder der Wagnerfamilie bei gleicher Qualifikation das Primat. Sollte sich aber kein ausreichend qualifiziertes Mitglied der Familie finden lassen, kann auch ein Außenstehender Chef in Bayreuth werden. Der Stiftungsrat der Richard-Wagner-Stiftung favorisiert inzwischen als Nachfolgerin Eva Wagner-Pasquier, Wolfgang Wagners Tochter aus erster Ehe. Sie ist allerdings nicht die Wunschkandidatin ihres Vaters, der lieber seine jetzige Ehefrau zur Erbin des von ihm aufgebauten Nachkriegsunternehmens machen würde: »Wenn ich, sagen wir, eine wirklich sinnvolle Nachfolge, die möglich wäre, gesehen hätte, hätte ich mich vielleicht schon verabschiedet. Aber ich habe eben ein Verantwortungsbewußtsein, denn die Nachfolge ist nun mal eine ganz heikle Sache. Sie greift ja strukturell – ganz egal wer´s macht – in die Dinge ein, die heute, sagen wir, selbstverständlich in sich gefügt sind und die auch als Unikat gelten. Das fängt ja an nicht nur mit der Form der Führung, es fällt auch zusammen mit der ganzen Haussanierung, mit den Finanzierungsmöglichkeiten. Ich habe ja vieles privat, mit der Gesellschaft der Freunde von Bayreuth, finanziert. Sie ist auch anteilig als Sponsor in dem Hauptetat mitverankert.«

Man darf gespannt sein, wie die Nachfolgefrage Wolfgang Wagners in Bayreuth entschieden werden wird und wann sie entschieden wird. Wolfgang hält außer seiner jetzigen Ehefrau keinen der Bewerber für geeignet, sein »Erbe« anzutreten. Inzwischen blockiert er als einer von drei Vorständen des Stiftungsrates dessen anstehende Entscheidung. Wolfgang Wagner kann sich als einziger Gesellschafter und Geschäfts-

Der »Patriarch« Wolfgang Wagner in seinem Element, probend

führer der Bayreuther Festspiel GmbH allerdings auch auf einen Vertrag auf Lebenszeit berufen. Einen Anlaß für rasches Handeln sieht er nicht und verschiebt die Entscheidung über seinen Nachfolger stattdessen in eine nicht absehbare Zukunft. Seine künstlerischen Planungen sind ohnehin bereits bis ins Jahr 2006 hinein abgeschlossen. Inzwischen sind die Fronten derart verhärtet, daß verschiedene Bundes- und Landespolitiker ihn sogar mit finanziellen Drohgebärden attackieren.

Dazu Wolfgang Wagner: »Auf jeden Fall ist es nicht so, daß ich gesagt habe, ich höre an dem oder dem Tag auf, es hängt ja auch von meinem Gesundheitszustand ab. Wenn ich das Gefühl habe oder mir Freunde sagen: Hör mal zu, Du schwätzt zuviel, Du tust nichts mehr, es hat gar keinen Sinn, dann überlege ich mir, ob ich nicht aufhören sollte. In der jetzigen Situation sehe ich aber noch einige Jahre notwendige Arbeit der Stabilisierung des Bestehenden!«

Inzwischen hat der Stiftungsrat der Richard Wagner-Stiftung allerdings ein Machtwort gesprochen und am 29. März 2001 Eva Wagner-Pasquir einmütig zu Wolfgangs Nachfolgerin berufen. Sie soll schon im Oktober 2002 ihr Amt antreten. Ob es dazu kommt, hängt einzig und allein von der Übergabebereitschaft des seit 34 Jahren alleinregierenden Festspielleiters Wolfgang Wagner ab. Nur er kann durch gütliche Einigung und Rücktrittsbreitschaft eine weitere Verzögerung der Nachfolgeregelung und eine rechtliche und und öffentliche Eskalation vermeiden. das Fiasko einer solchen Bayreuther »Götterdämmerung« möchte man ihm am Ende seiner Amtszeit ersparen. Es würde nicht nur die Festspielinstitution, sondern auch sein persönliches unbestreitbares Lebenswerk bschädigen.

Bei allen Bedenken gegenüber der inzwischen kaum mehr dialog- und kompromißbereiten Haltung und dem patriarchalischen Leitungsstil des kauzigen Festspielchefs und Wagnerenkels Wolfgang ist doch eines zu sagen: Er ist als Theatermanager, als Organisator und Leiter der Festspiele ein kaum zu ersetzendes Unikat! Er leitet das Bayreuther Unternehmen inzwischen seit 50 Jahren. Kein anderer Theaterdirektor saß je so lange im Chefsessel. Bis 1966 arbeitete Wolfgang noch mit seinem Bruder Wieland zusammen. Seit dessen Tod führt er das Bayreuther Unternehmen in Alleinverantwortung. Wolfgang hat aus dem baufälligen Nachkriegsfestspielhaus ein inzwischen technisch hochmodern ausgerüstetes, beispielhaft restauriertes Haus gemacht. Die Bayreuther Festspiele sind eines der lukrativsten Festspielunternehmen der Welt mit den vergleichbar billigsten Eintrittspreisen, das aber auch nur, weil seine Künstler niedrigste Gagen akzeptieren. Die Kartennachfrage ist alljährlich zehnmal so hoch wie das Platzangebot. Und für die Zukunft der Festspiele hat der clevere Bayreuth-Impresario einen der spendabelsten Mäzene, den amerikanischen Milliardär Alberto Vilar als Förderer gewonnen.

»Damit ein Ereignis Größe habe, muß Zweierlei zusammenkommen: der große Sinn derer, die es vollbringen, und der große Sinn derer, die es erleben.« Mit diesem Satz beginnt der Philosoph und Kulturkritiker Friedrich Nietzsche das Wagner-Kapitel in seinem Buch »Unzeitgemäße Betrachtungen«.

Was sich seit 1951 – der Stunde Null »Neubayreuths« – in dem oberfränkischen Städtchen Bayreuth alljährlich ereignet, die Jagd nach Eintrittskarten, das Defilé der Prominenten und »Very Important People«, aber auch die Karussellfahrt der für Schlagzeilen sorgenden Regisseure, Dirigenten und Sänger, all das hat mit des jungen Richard Wagners schönem Traum vom demokratischen Kunst-Fest wenig zu tun! Dennoch sind die Bayreuther Festspiele einzigartig. Schon das Repertoire unterscheidet sich von allen übrigen Festspielen. Wer nach Bayreuth kommt, setzt sich bewußt nur dem Œuvre Wagners aus. Und dem dafür von Wagner vorgesehenen authentischen Ort. Wagners Werk hat sich bis heute nicht erschöpft und offenbart, wenn sich in Inszenierungen Tradition und Innovation kreativ verbinden, immer noch seine Lebendigkeit und ungebrochene Aktualität. Die gescheiterten künstlerischen und gesellschaftlichen Utopien Richard Wagners wie auch die Widersprüche seiner Person und seines Werks offenbaren nach wie vor ein »Prinzip Hoffnung«, um mit dem Philosophen Ernst Bloch zu sprechen. Wagners programmatische Aufforderung »Kinder! macht Neues! Neues! und abermals Neues! – hängt Ihr Euch an's Alte, so holt Euch der Teufel der Inproduktivität, und Ihr seid die traurigsten Künstler!« (Brief an Franz Liszt vom 8. September 1852) war in der Vergangenheit verpflichtendes und sollte vor allem in Zukunft einzulösendes Motto der Bayreuther Festspiele sein.

Richard Wagner und seinem musiktheatralischen Oeuvre werden noch immer verfälschende Vorurteile und Mißverständnisse entgegengebracht. Ob im dritten Jahrtausend ein Ende dieser Mißverständnisse in Sicht ist, bleibt zu bezweifeln. Die Gründe liegen auf der Hand. Das 20. Jahrhundert – und das gilt wohl auch noch für das kommende – zehrte noch von den geistigen Materialien des 19. Jahrhunderts, von den Sprengstoffen, Giften, Hoffnungen, Utopien, Heilsversprechen und Irrtümern in Kunst, Politik, Gesellschaft und Philosophie. Sie sind in den Musikdramen Wagners präsent. Schon deshalb dürfte die Aktualität und Brisanz Wagners auch in Zukunft gesichert sein! In seinen Bühnenwerken laufen viele Fäden zusammen, die von Romantik und Moderne, französischem Frühsozialismus und deutschem Kapitalismus, vorfreudianischer Psychoanalyse und antikem Mythos, deutschtümelndem Nationalismus und europäischem Kosmopolitismus. Wagner schuf eine musikalisch-theatralische Utopie, die in sich so vielschichtig und brüchig, explosiv und gefährlich vieldeutig ist, wie nur wenig Vergleichbares in der neueren Kulturgeschichte. Wagner ist kein einfacher Fall! Deshalb ist jedes unreflektierte Urteil ein Fehlurteil oder ein Vorurteil. »Wer sich auf Richard Wagner einläßt, muß sich auf das Ganze einlassen« (Hans Mayer). Der eigentlich unzeitgemäße Streit und der mancherorts immer noch zelebrierte Kult um den kleinen Sachsen mit dem großen musik-dramatischen Werk, die immer noch scheinbar unversöhnliche Feind-schaft zwischen Wagnerverehrern und -verächtern, »Wagnerianern« und »Antiwagnerianern«, markieren aber gerade die nach wie vor her-ausfordernde, ungebrochene Aktualität und Brisanz seines musikdra-matischen Œuvres. Es enthält noch immer viel Zündstoff und »Zukunfts-musik«.

Dieter David Scholz

Translated by Rick Fulker

"CHILDREN CREATE SOMETHING NEW"

125 Years of the Bayreuth Festival
50 Years of "New Bayreuth"

A short history of a success

Parthas Publishing House
Berlin

Contents

Foreword

125 years ago, in 1876, one of the most daring artistic fantasies a composer had ever presumed to have became reality. This book is about how Richard Wagner managed to achieve the utopia of his own festival theater for exemplary performances of exclusively his own works. But it also succinctly tells the story of the continuation of the Wagner festival by his wife Cosima, who established a temple of Wagner worship in Bayreuth, the opening of the festival to modernism by Wagner's son Siegfried and of Bayreuth's fatal ingratiation to Hitler through Siegfried's wife Winifred. Finally, there's the retrospective of the now fifty-year-old period of Wagner's grandsons Wieland and Wolfgang that began in 1951 and has gone down in festival history as "New Bayreuth". Perspectives in the current discussion on the future of the Bayreuth Festival conclude this brief recounting of the festival history. Intended for a wide international public, it is being published in German and in English. Wagner's pro-grammatic exhortation – "Children! Create Something New! New! And New again! If you stick to the old, you will fall victim to the devil of non-productiveness, and you will be the saddest of artists!" (from a letter to Franz Liszt dated September 8, 1852) – remains a redeemable motto for the Bayreuth Festival.

The book is of course founded on my previous work on Wagner and based on an international series broadcast and distributed worldwide this year by Deutsche Welle Radio.

Without Dr. Dieter Glave, the DW series would not have come about. I am grateful to him and to the marvelous editorial staff of which he is a member. Not least of all, thanks are due to Dr. Gero Schließ, Head of the DW Music Department, for his cooperation and commitment to the project, and to publisher Horst Wandrey for his.

For the English transcription of the broadcasts and for the English version of the book text (out of regard for the somewhat different broadcast style, both deviate slightly from the German version), I am particularly grateful to Rick Fulker, for many years a well-versed Bayreuth observer.

Berlin, February 2001   *Dieter David Scholz*

Difficult Birth and the Initial Failure

*The Funding of the Bayreuth Festival, the premiere of the 'Ring'
in 1876 and Bankruptcy"*

In his four-part Nibelung saga, "The Ring of the Nibelung", Wagner created one of the mightiest works in music theater – not only with regard to
the sheer length of this four-day opus, but in musical expression and the
thrust of its content.

The RING is nothing more and nothing less than a political parable, a
myth on the creation and the demise of the world, a critical treatise on
Wagner's times and society. Anticipating on the opera stage the psychology of Siegmund Freud and the political utopia of a socialist dream of the
future, the incomparable opus was 26 years in the making of the text and
the music. Wagner believed that this veritably revolutionary work of
music theater could only be performed after a transformation in society
itself. In 1851, in a letter to his friend Theodor Uhlig in Dresden, he wrote:
"With this new concept I completely sever all connections to contemporary theater and today's public. I can only conceive of a performance after
the revolution; only the revolution can deliver the requisite artists and
listeners to me. And then, with this work I will give the people the where-
withal to recognize the meaning of this revolution in its noblest sense.
That is the public that will understand me; the current public cannot."

The revolution in society Richard Wagner longed for never occurred,
but the idea of a revolution in music theater fermented in Wagner all the
stronger. He dreamed of an opera house built expressly for performances
of his own works, most importantly his Nibelung tetralogy. The idea can
be traced back to 1850, when Richard Wagner, the former Royal Saxon
Kapellmeister, was living in exile in Zurich. After his active participation
in the Dresden Revolution – which had sought to eliminate the aristocracy in Germany – a warrant had been released for his arrest, and he'd

had no choice but to flee. In Zurich he penned a letter to his friend, the Leipzig portrait artist Ernst Benedikt Kietz, writing that he wanted to go to the banks of the Rhine, quote, "...to have a theater built of wood and to give three performances in one week, with free admission of course, after which the theater is to be demolished and the whole affair brought to an end."

A daringly unrealistic utopia, the contents of which Wagner laid out specifically in his programmatic treatise "Opera and Drama". And in the essay "A Message for My Friends", Wagner announced the plan's execution, writing, "I plan to have those three dramas and the prelude performed at a festival."

The idea of the Bayreuth Festival was born. After his pardon, Wagner returned to Germany and began his search for a suitable location. From April 15-19, 1871, accompanied by his wife Cosima, the daughter of Franz Liszt, Wagner stayed in Bayreuth, a small, out of the way residential city in Franconia. Wagner had been familiar with this baroque provincial jewel since the 1830's, for it was there that Margravine Wilhelmine, the favorite sister of King Frederick the Great of Prussia, had established one of Germany's most splendid opera houses. Wagner wanted to use it for his own purposes, but after several rehearsals he abandoned the idea. Wagner remained attracted to the city and the region however, so he decided to have a theater designed to his specifications built there and to prepare festival performances of the RING. Bayreuth was sufficiently off the beaten track of entertainment-seeking city audiences. Lacking its own repertoire theater, it was in Bavaria, the land of Wagner's generous patron, King Ludwig II. The Bayreuth Municipal Council donated a suitable plot of land on a green hill just outside the city. The cornerstone laying of the Bayreuth *Festspielhaus* on May 22, 1872 was followed by a performance of Beethoven's Ninth Symphony at the Margravine's Opera House and a festive banquet at the Hotel *Zur Sonne*.

In the cornerstone Wagner enclosed an aphorism that remains enigmatic to this day:

"Herein a secret I seal
Many hundred years may it rest alone.
Itself to the world it shall reveal
As long as it is protected by stone."

Wagner himself designed the Bayreuth *Festspielhaus* in collaboration with the architect Gottfried Semper, a friend from the days of the Dresden Revolution. In the first publication of the text to the RING he declared that it was to be a provisional theater, "... as austere as possible, perhaps made simply of wood and designed explicitly to foster the artistic utility of the interior."

The amphitheater-style auditorium with ascending rows of seats was inspired by the Greek amphitheater in Segesta, Sicily. In direct contrast to the prevailing style of theaters of the day, with their loges for aristocrats, Wagner's *Festspielhaus* conformed to democratic ideals. The orchestra was hidden, invisible to the audience, in the "mystic gulf", separating the reality in the auditorium from the idealism onstage. The hood arching over the pit reflected the sound onto the stage. It was an unprecedented design for an opera house.

A festival ensemble was to be assembled with singers and musicians handpicked from all of Germany's theaters and orchestras. But the financing of all of this remained an open question. Wagner saw two alternatives: either an association of wealthy men and women or a foundation initiated by German royalty. In 1864 a royal patron had come forth: Ludwig II of Bavaria, who generously supported Wagner after ascending the throne and continued to do so until the composer's death.

Nonetheless, due to financial problems, the building project proceeded in fits and starts. In 1873 construction work on the *Festspielhaus* ground to a halt, and the enterprise seemed doomed. Then the legendary fairy tale king Ludwig of Bavaria stepped in once again, granting a generous credit of 100,000 Taler. Now nothing stood in the way of completing the *Festspielhaus* and putting on the first Bayreuth Festival.

On April 28, 1874, Richard and Cosima Wagner moved into Wahnfried, their newly built mansion in Bayreuth, for which King Ludwig had donated another 25,000 Taler. In those days Wagner toured frequently as a conductor, raising money for rehearsals. Preliminary rehearsals began in 1875 in the still unfinished *Festspielhaus*. Wagner had hired the best singers of the day, outstanding set designers and technicians and the renowned conductor Hans Richter. On August 13, 1876, the day had come: the curtain rose on the first Bayreuth Festival and the first complete performance of THE RING OF THE NIBELUNG.

To many of his contemporaries it seemed like a fairy tale: Wagner had created his own festival and *Festspielhaus*. It was an artist's dream come true, on a scale unparalleled in modern times. There was much royalty among the guests at the festival opening, including Emperor Don Pedro of Brasil and Emperor Wilhelm I of Germany. Both the composer Anton Bruckner, who had dedicated his Third Symphony to Wagner, and Pjotr Il'yich Tchaikovsky came. Three complete RING cycles were performed at the first Bayreuth Festival. Overall, it was only a modest artistic success. And yet, most of those present realized that THE RING OF THE NIBELUNG, the three-day stage festival with a preliminary evening telling the story of the beginning and the end of the world, had a singular status in the history of music theater. Technical mishaps and mixed press reviews notwithstanding, the first Bayreuth Festival was a triumph – at least on the surface. Even Paul Lindau, a very popular author and avowed opponent of Wagner, conceded, "Wagner has achieved what no artist before him had even dared to strive for. Without a doubt, Bayreuth is the mightiest individual achievement conceivable."

Although a sensation, the first Bayreuth Festival yielded a disastrous deficit of 150,000 marks for which Wagner was personally liable. He considered the festival an utter failure and had serious doubts about the whole idea. Wagner also had reservations about the Germans and their ability to comprehend his "music of the future". He was deeply depressed. "Richard is very sad and says he wants to die!" wrote Cosima in her diary.

Most of the aristocrats and financial magnates who'd attended didn't lift a finger for Wagner or contribute a Pfennig to his festival. The general public left Bayreuth without giving a second thought to the whole affair.

Wagner had also been deeply dissatisfied with the artistic results. On July 28, 1876, during the final phase of rehearsals, Cosima had noted in her diary, "It becomes ever more apparent that the rendition is imperfect … The performance will remain as far removed from the work as the work itself is from our own times." The naturalistic stage sets, which had detracted from the revolutionary nature of the work, bothered Wagner most of all. He also mocked Professor Doepler's all too realistic costumes, with their horns, bear skins and iron suits of armor: "The costumes are quite reminiscent of Indian chiefs, and apart from their ethnological senselessness, they carry the stamp of provincial theater tastelessness! I am inconsolable."

Despite the ambivalent resonance in society, the mostly negative critiques and that huge deficit after the first Bayreuth Festival, the first RING in Bayreuth did have a positive outcome. Many of the theater directors present considered the RING technically impossible to stage anywhere else. But as early as 1878 Munich risked a complete RING presentation. One year later the cycle was first performed in Vienna, 1889 marked the New York premiere and 1911 the Paris premiere. To this day, this exceptional work remains a stupendous technical, artistic and financial challenge for any opera house.

NEW BEGINNING

*New beginning for the Bayreuth Festival in 1882
and the sensational premiere of* PARSIFAL

Overcoming all obstacles, Richard Wagner had established his theater in Bayreuth. The first festival, in 1876, was marred by technical mishaps and only mediocre artistic success. The public and the press celebrated the event itself as a sensation, but Wagner himself, faced with a huge financial deficit, had strong reservations about the whole festival idea.

The following year, Richard Wagner conducted eight concerts in London's Royal Albert Hall with excerpts from THE VALKYRIE and THE FLYING DUTCHMAN. London had succumbed to Wagner fever. The high point of the many honors paid to Wagner in London was a reception given by Queen Victoria at Windsor Castle on May 17, 1877. That evening, Wagner read the complete original version of the text to PARSIFAL to a small circle of friends. It was his newest project, penned only a few weeks earlier, in April. He'd carried the idea of a Parsifal drama around with him for twelve years, but the initial inspiration for the work dates back to 1845, when Wagner, taking the waters at the Marienbad spa in Bohemia, first read the epic poem "Parzival" by Wolfram von Eschenbach. He'd taken along ample reading materials, including medieval literature and philological commentaries. In that same year he also first had the idea for LOHENGRIN and the MASTERSINGERS. As so often, years were to pass before the idea matured to a concrete artistic plan calling out for performance.

The first Bayreuth Festival generated a mountain of debt. Maybe it was this very failure that moved Richard Wagner to take up his PARSIFAL. He'd never given up on the idea. In 1877 he began to work feverishly on the drama, pausing only for various trips to Italy, but these in fact stimulated his artistry. The score was complete on January 13, 1882. Soon afterward, the Schott Publishing House paid the stupendous fee of 100,000 marks for it. In Palermo, Auguste Renoir painted Wagner's portrait. He was the height of his fame, and that was only to be surpassed by the successful premiere of PARSIFAL, for with that work even Eduard Hanslick, Wagner's sharpest – and by no means unfairest – critic, lay down his arms.

Wagner was extremely sceptical about any possible performances of PARSIFAL. Having found even the costumes in THE RING OF THE NIBELUNG almost ridiculous, he wondered how they could possibly be convincing in PARSIFAL. That explains his remark, "After having created the invisible orchestra, I'd also like to invent invisible theater."

The second Bayreuth Festival began on July 26, 1882. In contrast to the first one six years earlier, nearly all of the performances were beyond reproach artistically. Wagner was satisfied with the first-rate cast: Hermann Winckelmann sang the title role, with Amalie Materna as Kundry, Emil Scaria as Gurnemanz and Theodor Reichman as Amfortas. Hermann Levi conducted the world premiere, and the painter Paul von Jukowski designed the sets.

Almost all of the many composers who travelled to Bayreuth were deeply impressed: Franz Liszt and Anton Bruckner, Leo Delibes und Camille Saint-Saens, even the young Gustav Mahler, to name just the most important ones. On August 29th, 1882, at the final performance of the world premiere series, Wagner himself took the baton, leading the orchestra from the 23rd measure of the "transubstantiation music" to the end of the drama. Afterwards, the applause went on and on. Richard Wagner emerged from the "mystic gulf", the Bayreuth orchestra pit, and gave a speech "causing everyone to weep", as Hermann Levi recalled. The composer had finally achieved the status he'd longed for all his life. Most of the critiques were also very positive. Wagner's PARSIFAL was celebrated as the summit of his achievement.

This time the festival turned out to be a financial success as well. King Ludwig had covered the costs of the orchestra and the choir, so expenses were kept at a minimum. The net profit was a lucrative 135,000 marks. Having the festival take place in the following year seemed within reach. As Wagner wrote to Ludwig II, he was actually thinking much further ahead: in the decade to come he planned to stage his other operas until his son Siegfried would be old enough to follow in his footsteps. As he wrote in a letter to his friend Angelo Neumann, the impresario of the travelling Wagner Theater, he couldn't imagine anyone else doing so. But overall, Wagner was pessimistic about the future of the Bayreuth Festival. That his wife Cosima, who survived him by 47 years, would succeed him after his death – neither could he have imagined that nor would he have found it desirable.

As Cosima recorded in her diary on January 5, 1882, Wagner had called PARSIFAL his masterpiece, thus giving it the character of an artistic legacy. On April 4 he revealed to his wife that he had "saved this work for his highest artistic maturity and that 'Parsifal' would certainly be his last work". In a diary entry dated March 28, 1881, she recorded Wagner's description of PARSIFAL as his "last card" – a rejoinder to Arthur Gobineau, the racist anti-Semite who had called the German race "nature's last card". In many ways, PARSIFAL is indeed Wagner's "last card", his intrinsically personal statement and "farewell to the world". During the year 1882 his heart condition grew more worrisome. On September 14, he travelled with his family to the milder climes of Venice. He was not to return alive.

As Wagner's own commentaries indicate, PARSIFAL deals with the opposing forces of heathen sensuality and Christian asceticism, carnal instinct and renunciation, eros and agape. Or to use the words of Arthur Schopenhauer, the philosopher Wagner himself so often referred to, PARSIFAL may be described as an "antidote to the will". There is also that disturbing idea of a pseudo-sacred message, clothed in Christian rituals, of the salvation of the world through renunciation. But first and foremost, PARSIFAL is a remedy against eros, that strongest of drives – also, and expressly, within the composer himself! This erotic conflict creates the fin de siécle fascination of the work. It's an irony of fate that this particular medicine seemed to have had no effect whatsoever on Richard Wagner himself, whose erotomania cried out for deliverance. Even in the final days of his life he was apparently planning a sexual encounter with Carrie Pringle, one of the flower maidens in PARSIFAL. Speculation has it that his wife confronted him on the issue and that the resulting dispute may have triggered Wagner's fatal heart attack on February 13, 1883.

The shocking news of Richard Wagner's death in Venice spread across the world like wildfire. King Ludwig II of Bavaria broke out in tears. Giuseppe Verdi wrote to his publisher Ricordi: Triste, triste, triste!

Wagner é morto! When the news reached Anton Bruckner, he was working on the Adagio of his Seventh Symphony. As a final homage to the colleague he so venerated, the shaken composer resolved the great lamentation of the tubas into a peaceful conclusion in the major key.

Richard Wagner's remains were brought back to Bayreuth by train. To the sounds of "Siegfried's Funeral March", the coffin was borne at the head of a long procession to Wahnfried and lowered into the grave in the mansion's garden. What followed was the post-Wagner era, the history of his influence.

Not only his friends mourned for Richard Wagner, the world did. Many former enemies or those who had been declared such expressed their condolences. Johannes Brahms sent a bouquet – although that gesture was interpreted in Bayreuth as pure sarcasm. The Viennese music critic Eduard Hanslick – certainly anything but a Wagnerian – wrote this tribute: "We know no musician incapable or passionate enough not to acknowledge Wagner's splendid talent and his astonishing artistry. No one could ignore his enormous influence or – even if there's admitted antipathy – close his eyes to the greatness and genius in his works."

Three months after Wagner's death, on May 22, 1883, the day he would have been seventy years old, Franz Liszt, in Weimar, wrote one final composition of mourning for his friend and son-in-law, a piano piece titled "At the Grave of Richard Wagner". Certain passages in it recall Wagner's PARSIFAL.

"Bayreuth – Inheritance and Temple"

Richard Wagner's death in 1883 and Cosima Wagner's conservation of the festival

The first Bayreuth Festival in 1876 had been a financial catastrophe. With the premiere of Parsifal at the second festival in 1882 came the breakthrough Wagner had so long hoped for. The 1883 festival, only a few months after his death, was in effect a requiem for Richard Wagner. There was only one work on the program, Parsifal, his artistic legacy. Cosima – a widow paralyzed in mourning? Hardly. Only a few days after Wagner's death she decided to go ahead with the festival at any cost. She simply repeated the program of the previous year, with Hermann Levi as conductor and essentially the same cast. Another festival consisting entirely of Parsifal was held in 1884. Then, at the advice of Adolf von Gross, her legal and financial advisor, Cosima decided to cut expenses and pause for a year in 1885. Wagner had left no will, but she'd managed to get the inheritance legally settled, down to the last detail. Cosima planned four years ahead. And despite a skeptical public, she was determined to act as stage director herself. Her first directing work dates from 1886, when she introduced Tristan and Isolde to the Bayreuth *Festspielhaus*, essentially copying the production from the Munich premiere of 1865 and adhering pedantically to the letter of Wagner's stage directions. This approach was to characterize all of her stagings in Bayreuth, with naturalistic, 19th century sets, very conservative gestures and an air of sacred distance in the actions of the protagonists. Paradoxically, this was diametrically opposed to Richard Wagner's own temperament and the drastic theatricality he had desired.

Cosima's Tristan production of 1886 was a solid artistic success. She had passed the baptism of fire as the new festival director. Visitor turnout, however, was far less than satisfactory. An average of 960 tickets were sold per performance, but the Bayreuth *Festspielhaus* seats nearly 2000. The survival of the festival hung in the balance. Having it take place the following year was out of the question, so there was another hiatus. Meanwhile, Cosima's legal and financial advisor clarified the ownership rights of the RING and PARSIFAL. The state of Bavaria had registered the right of ownership to both works, since Wagner had once given them as a present to Ludwig II, but the sovereign had signed a disclaimer of ownership. A private settlement was reached, in which Wagner's inheritors became the owners of all of his musical works and Bayreuth retained exclusive rights for performances of PARSIFAL. In return, the government in Munich gained the rights to Wagner's early operas Die Feen and Das Liebesverbot.

The next festival took place in 1888, with Cosima staging THE MASTERSINGERS. It was an unprecedented success, a credit not least of all to Hans Richter's conducting. The public and of most of the press responded with quick and spontaneous accolades. All doubts about the survival of the institution had vanished.

A year later, the 1889 festival was musically the most splendid yet. Felix Mottl conducted TRISTAN, Hans Richter THE MASTERSINGERS and Hermann Levi PARSIFAL. Bayreuth had become a social event attracting the fashionable masses, the newly rich and European high aristocracy – the very clientele that Wagner had wanted to exclude. But Bayreuth was not only "in" and a center of musical pilgrimage. With the newly-crowned Emperor Wilhelm II attending, the festival was an event of national significance. The prophetic words of Friedrich Nietzsche, philosopher and cultural critic, had come true: "The Germans have created for themselves a Wagner they can venerate". The 1889 festival having run a profit, Cosima had the means to venture a new production the following year. Conducted by Felix Mottl, it was the first staging of TANNHÄUSER in Bayreuth. Sparing no expense, she served up sets of the most sumptuous fantasy and medieval monumentality, incredible masses of choristers, dancers and extras, among them the famous dancer Isodora Duncan, who performed in the Bacchanalia. Cosima's formula: "In the first scene we must come up with something colossal and antique, and in the second part have the entire soul of the Middle Ages unfold before us."

Cosima was the source of false idolization of Wagner. In her diary entry of September 10, 1873, she called Richard "...the mighty savior of the German spirit..." To her, Parsifal was the most sacred work of a new kind of Christianity, a sect that she felt was her duty to serve as missionary. On August 16, 1887, she wrote to the conductor Felix Mottl: "The mighty fortress is now on our hill. There we have our dear savior released from every indignity served upon him by a sad humanity. Only those who are utterly true and compelled by a sense of need are called into this house of god."

That letter documents the establishment of a religion in Bayreuth, of which Cosima considered herself the high priestess. Service to her late husband's life's work was religious service, the circle of loyalists the congregation. Eduard Hanslick, the clever Viennese critic who was ever critical of Wagner, called the Wagnerian disciples around Cosima the "prayer brotherhood of St. Richard" – and not unjustifiably so. Friedrich Nietzsche was disgusted by the Wagnerianism in Bayreuth. In "The Case of Wagner", he wrote, "The apostles pray to Wagner ... Bayreuth rhymes with a cold water spa."

One of Cosima's most loyal servants was Hans von Wolzogen, publisher of the Bayreuther Blätter, the house periodical. It had been established as a magazine of information for members of the Wagner Patronage Associations, but under Cosima, the Bayreuther Blätter degenerated into a staunchly conservative, nationalistic and in fact anti-Semitic "German Magazine in the Spirit of Richard Wagner". To which it should be added: the presumed spirit of Richard Wagner. Cosima and the authors of the Bayreuther Blätter idolized him as the founder of a religion based on Germanic, anti-Semitic and folk ideology. The authors in the Bayreuth circle thus paved the way intellectually for National Socialism and made Bayreuth the capital of a chauvinistic and nationalistic ideology. What the Krupp family was to the German armaments industry, Bayreuth was to the German industry of culture.

Cosima also introduced Lohengrin to the Bayreuth stage in her own production of 1894, interpreting this Romantic opera as the clash of Christianity and heathenism, yet distancing herself from the mania for all things German that prevailed in productions of the work on other opera stages in the country.

With American, English and French visitors attending in ever growing numbers, both the public and the critics were becoming more international. Bayreuth was now a worldwide attraction. That, admittedly, was Cosima's achievement, as was the founding of a stylistic school of Wagnerian singing. In 1894 she restaged the RING, using completely new sets. After that season Hermann Levi withdrew as conductor of PARSIFAL for health reasons. His assistant, Karl Muck, replaced him.

All in all, the Cosima era of the Bayreuth Festival must be considered an extraordinary success. But she also suffered a painful defeat. PARSIFAL had been legally reserved for performance only in Bayreuth. Cosima had protested vigorously against Ernst von Possart's plans to have that drama performed at the Prince Regent Theater in Munich. As early as 1901 Cosima appealed to the German Reichstag to extend these protective rights, but in vain. PARSIFAL was performed at the Metropolitan Opera in New York in 1903. Tantamount to a theft of the grail, it was a severe blow to Cosima, but she was quite helpless in the matter. The United States of America had not joined the countries signing the Bern Copyrights Treaty, so there was no way to prevent performance in the USA.

In the new century, Cosima introduced THE FLYING DUTCHMAN to the Bayreuth *Festspielhaus* stage. Responsible for the triumphantly successful stage effects and lighting was her son Siegfried. Anton van Rooy sang the role of the Dutchman, and the famous Emmy Destinn was Senta.

In the first decade of the 20th century, the Bayreuth Festival was a flourishing enterprise, and the Wagner dynasty flourished along with it. The value of the family estate quadrupled, and profits in the millions were earned. Meanwhile, Wagner's son Siegfried had matured as a conductor.

Cosima's last stage production was a new TRISTAN in 1906. It was her last season. After having suffered heart attacks, she was forced to withdraw from the business of the festival. In 1907, at the age of 70, she transferred the direction of the Bayreuth Festival to her 38-year-old son Siegfried. Having stood before the Bayreuth Festival Orchestra every season since 1896, he had also earned acclaim elsewhere as a conductor and as the author and composer of operas based on folk tales and fairy tales.

Bayreuth opening its doors
to the modern world

Wagner's son Siegfried taking over in 1907 and letting fresh air into the festival

In 1907, seventy-year-old Cosima Wagner stepped down as festival director, handing the reins to her son Siegfried, who then bore sole responsibility for carrying on the tradition of the Richard Wagner Festival in the spirit of Richard and Cosima. Siegfried Wagner also wrote satirical fairy tale operas that met with some degree of success in Germany and abroad, but his status as a composer was always secondary. He who is obligated to Bayreuth serves Richard Wagner, and him alone. And that is true to this day.

In Siegfried's first few years as director, he stressed continuity. Everything went according to established tradition, as though no change at all in leadership had taken place. But Siegfried gradually came to realize that Bayreuth was behind the times, so he opened up that traditional enterprise to the modern world of theater. He used electricity, quite novel in those times, employing lighting to achieve dramatic effects. Seeing it necessary for set designs to depart from handed-down Bayreuth customs, he loosened up the strict regime that had long lain unquestioned in the hands of Cosima.

The warm, family atmosphere of this era of transition in Bayreuth is clear from these recollections of singer Anna Bahr-Mildenburg from the year 1911:

"At 9:00 on the dot Siegfried Wagner drives up. Usually wearing breeches and yellow stockings and filled with morning time vim and vigor, he cheerfully strides right into the circle of artists, delivers some nice, humorous greeting to each one, standing in front of the gate until he suddenly gazes at his watch and calls out across the courtyard 'Children, it's time, come,

114

come!', energetically clapping his hands and drawing the gathering into the *Festspielhaus*. And then, up there you can see Siegfried in his element – and admire him! He's a born stage director."

In the years leading up to 1914, Siegfried presented three new productions. In his LOHENGRIN of 1908, he introduced the round horizon to the Bayreuth stage. He also dispensed with the familiar pale scenery, spicing it up with strong accents of color, and gave close attention to the choreography. Back in 1901, with his "Flying Dutchman", Siegfried had impressed audiences with his strongly accentuated direction of individuals and groups of people. And his MASTERSINGERS of 1911 was a triumph. Jubilant press reviews hailed him as one of the best directors in modern music theater. With that production, Hans Richter, the famed conductor at the first Bayreuth Festival, said farewell. One of the new conductors in Bayreuth engaged and promoted by Siegfried was Karl Muck, a former assistant to Cosima and unconditionally loyal to Bayreuth.

In the years preceding World War I, Bayreuth was a center of pilgrimage for wealthy bourgeois audiences interested in the arts, for European aristocracy, creative artists and sensation-hungry guests from every part of Europe and overseas. In 1913, when Bayreuth's right of exclusivity for performances of PARSIFAL expired, a veritably hysterical nationalistic and even racist debate broke out over the festival and over what was considered "German-ness", a quality that had been identified with the Bayreuth Festival ever since the authors of the house publication Bayreuther Blätter had handed Wagner's artistic legacy over to the powers of the conservative revolution. Bayreuth and the music of Richard Wagner were laden with concepts like "master race", "Germanism" and "solemnity". The outbreak of World War I in 1914 caused an interruption in the festival and a serious crisis in the family enterprise. As a homosexual, Siegfried Wagner was vulnerable to blackmail, and he had his hands full marshalling the legal and financial means to fight such threats. In 1914 he announced that he would transfer the entire Wagner inheritance to a "Richard Wagner Foundation of the German People", but the war prevented him from carrying out the plan. It was also in 1914 that Siegfried was introduced to eighteen-year-old Winifred Williams. Born in England, she had been adopted as an orphan by the pianist Karl Klindworth, who had been a close friend of Cosima and Richard and had raised her from early childhood in the spirit of Richard Wagner. As the festival director's wife and First Lady of Bayreuth, Winifred was thus an ideal candidate to strengthen Siegfried's precarious position. Winifred and Siegfried married in 1915, one year after they had first met. They had four children: Verena, Wolfgang, Wieland and Friedelind.

After the war, economic crisis and catastrophic inflation, the Bayreuth Festival was bankrupt. To save Wahnfried and his family, Siegfried was often away on concert tour. A reopening of the festival wasn't even conceivable until 1921, when various Wagner associations founded a "German Festival Foundation Bayreuth". Nationalistic appeals for contributions and concert and promotional tours in the USA yielded the means to reopen the Bayreuth Festival in 1924 with the MASTERSINGERS.

That event degenerated into a demonstration of nationalistic groups who stood up at Hans Sachs' final speech and, after the final bar, sang the German national anthem. By then one thing was clear: Bayreuth had permitted the transformation of aesthetics into politics.

After Hitler's failed coup d'etat in Munich, his sympathizers in the banned National Socialist Party declared Wagner "the Führer of German art", the musical idol of Nazism and a musical bulwark against the Jews. The liberal press and foreign visitors were horrified. When Siegfried Wagner began to realize what was going on, he prohibited any political declaration or open connection of the Bayreuth Festival with National Socialism. But Bayreuth had already been taken in by politics, and he could no longer turn the rudder. Probably not fully comprehending the seriousness of these developments, Siegfried vacillated between the instinctive nationalism he had been raised according to and a generous measure of personal tolerance and cosmopolitanism.

Unlike his very practical-minded and energetic wife, Siegfried Wagner was of a rather unstable artistic nature. His reign in Bayreuth was marked by contradictions and compromises. Although he continued to engage foreign and Jewish singers in Bayreuth, he did not permit maestros such as Otto Klemperer, Bruno Walter, Leo Blech, Erich Kleiber or Willem Mengelberg to conduct on the Green Hill. Siegfried oversaw the step-by-step polishing of the RING, replacing the old painted scenery with sculpted decorations. With simple sets and striking lighting effects, he cleared the cobwebs off TRISTAN in 1927. Siegfried hired great singers from a number of different countries, including Alexander Kipnis, Friedrich Schorr, Emanuel

List, Nanny Larsén-Todsen and Lauritz Melchior. Melchior's Siegmund set standards that apply to this day.

In 1930, towards the end of his life, Siegfried Wagner devised a veritably sensational new rendition of TANNHÄUSER, for which he engaged Arturo Toscanini. This conductor's liberal politics were beyond reproach, and Toscanini's participation in the Bayreuth Festival was an open affront to fascists and everyone on the extreme right. It was a statement on behalf of a modern, unconventional reading of Wagner and a sensation in the workings of the festival. Even Fritz Busch's still famous MASTERSINGERS of 1924 and Karl Muck's highly praised PARSIFAL were surpassed by Arturo Toscanini's fiery, uncompromising TANNHÄUSER, a milestone in that work's performance history, supported by probably the most notable stage direction of Siegfried's career. Among his many artistic initiatives, hiring Toscanini was the supreme coup. Never had a production on the Green Hill been this precise, analytically sharp or complete in the staging. Inviting the Italian conductor, a known anti-fascist and a destroyer of tried-and-true traditions and stale performance practices, was probably also an act of political resistance. Perhaps at the end of his life Siegfried saw the sword of Damocles hanging over Bayreuth after all.

In January 1930, during a concert tour in England, he suffered a minor heart attack. On August 4, during rehearsals for TANNHÄUSER, Siegfried Wagner died of another heart attack, only four months after the death of his mother. He did not live to see the premiere of his greatest triumph, the TANNHÄUSER conducted by Arturo Toscanini.

"The Hour of the Daughter-in-Law"

After the death of Cosima and Siegfried Wagner in 1930, his widow Winifred taking the reins on the "Green Hill".

At the end of the era of Siegfried, Richard Wagner's son, the Bayreuth Festival attained its greatest artistic success up to that time, not least of all thanks to Arturo Toscanini's superb conducting. Not long before his death in 1930, in open defiance of conservatives and nationalists, Siegfried Wagner had invited Toscanini to the Green Hill. Toscanini's conducting of Tannhäuser and Tristan the following year marked the high point of Bayreuth Festival history in the first three decades of the 20th century. The impressive thing about Toscanini was his unsettlingly novel, crystal-clear reading of Wagner in the spirit of the modern world. At a stroke, he freed Bayreuth from the pathos of tradition. Less than a year after Siegfried's death, his widow Winifred emerged as a dedicated festival director. But losing Toscanini, then probably the world's most celebrated conductor, was one of her biggest failures.

Having been willed complete control in Bayreuth, Winifred's status was similar to that of Cosima's preceding her. But lacking first-hand knowledge from the master and competence in the field, she had to seek out advisors immediately after Siegfried's death. Her right-hand man as artistic and stage director was the conductor Heinz Tietjen, Berlin's General Director of Music. An undisputed authority as a man of the theater, Tietjen also had a reputation for spinning brilliant intrigues. Winifred had a difficult time with conductors. In the year after Siegfried's death she had the duo of Toscanini, who conducted in Bayreuth at no fee, and Wilhelm Furtwängler – two of the most famous conductors in central Europe. But their rivalry and opposing artistic views were irreconcilable. Adding some volatility to the troika was the decidedly vain Heinz Tietjen. Winifred wasn't able to reconcile Furtwängler's claim to supreme musical authority with Toscanini's wish to purge and purify the music in Bayreuth, making it more precise and optimizing its expression. And when she entered a pact with Hitler, who came to power in 1933, Toscanini decided to never again set foot in Bayreuth. To Winifred he wrote, "I am leaving Bayreuth, repulsed and bitter. I came here with the feeling of approaching a truly sacred place, and I am leaving behind a banal theater."

Winifred Wagner never reconciled herself to the loss. She made many futile efforts to win him back. Not being able to keep Bayreuth's foremost conductor was a serious blow to her image. Her opponents triumphed.

She actually never had a very easy time of it there. Wahnfried must have struck fear into the heart of the young bride. The Wagner mansion was a museum where not a single chair could be moved. Everything stood exactly where it had at the time of the master's death. Life within followed a strict ritual, and Cosima, Wagner's widow, was venerated like a relic. The other family members living in Wahnfried had made life difficult for Winifred. The Wagner family had been a highly volatile clan ever since Cosima's times, at daggers with each other. It's understandable that when she took power in Bayreuth, Winifred wanted to quickly rid herself of family pressures and the patronizing attitude she'd been subjected to for years. But she was out of her depth, for in 1930, her husband Siegfried, Wagner's son, and Siegfried's mother Cosima both died within a few months of each other. She had to jump into cold water. Envy, ill will and lack of personal legitimacy continued to make her life difficult.

Winifred placed her hopes in a sort of Lohengrin in the person of Adolf Hitler, a luminous personality and a protector of Bayreuth. Hitler's first visit to Bayreuth was in September 1923. Wasting no time, he sought out Houston Stewart Chamberlain on the second day of his stay. Chamberlain, a cultural philosopher and author, was married to one of Cosima's daughters. He saw to it that Hitler was granted an audience with Winifred Wagner the following day. Chamberlain was delighted with Hitler, seeing in him Germany's hope. Only a few days after that visit, Chamberlain wrote to him:

"My belief in Germanism has not wavered for a moment, but I admit that my hopes had reached a low ebb. At once, you have transformed the state of my soul. For Germany, in the hour of its greatest need, to have brought forth a Hitler is proof of its vitality."

Winifred Wagner was equally enthused. A few weeks after her first personal contact with Adolf Hitler, an "open letter" by her was published in the Oberfränkische Zeitung newspaper:

"As with everyone who comes into contact with him, his personality made a gripping impression on us. We have come to understand how such an unassuming, physically delicate person is capable of exerting such power. It is founded on the moral strength and purity of this human being, who tirelessly takes a stand and lives entirely for an idea that he has recognized as right and seeks to realize with the passion and humility of a divine calling."

Thus was formed the Bayreuth-Hitler alliance – a triumph for both Hitler and the Wagner family. Winifred Wagner deliberately held the stirrup for Hitler and National Socialism. When he came to power in 1933, her personal wish was fulfilled.

Every summer from 1933 to 1939, Adolf Hitler visited Bayreuth at festival time. From 1936 onward, he was Winifred's guest at Wahnfried. The friendship between Winifred and Hitler grew closer. It is legitimate to see more than just business strategy in Winifred's personal contact to the Führer. Siegfried, who certainly noticed Winifred's growing interest in Adolf Hitler, set up a joint Last Will and Testament with her on March 8, 1930, shortly before his death. To quote Siegfried Wagner's biographer Peter Pachl, this will was set up "first and foremost to exclude the possibility of a marriage between Winifred and Adolf Hitler."

Apart from the tactical consideration of enhancing his reputation in middle-class circles through the alliance with Bayreuth, Hitler was definitely animated by an ardent enthusiasm for Wagner. His perception of Wagner was extremely selective, however. Like many conservative Wagnerians even today, Hitler's Wagner was nothing more than the bombastic glorifier of Teutonic culture, the inspiring implementer of ancient Germanic myths, the illustrator of medieval tales in music theater. An utter misunderstanding!

Few National Socialists shared Hitler's veneration of Wagner, but it did prevent Bayreuth from being brought into a line with the government, a fate that befell nearly every other institution of culture in Germany. Winifred could use her full discretion in artistic and personnel matters. She even managed to retain the services of Emil Preetorius, the ingenious stage director, protégé of Bruno Walter and close friend of Thomas Mann who was reviled by the Nazis for being an active and militant member of the

"Association for the Resistance of Anti-Semitism". His sets for the RING, LOHENGRIN and TRISTAN were among the most outstanding in the history of the Bayreuth Festival.

Stage sets and productions in Bayreuth were definitely successful under the supervision of Winifred Wagner, but there remained that intractable problem with conductors. After Toscanini left, Furtwängler also walked out on Winifred, although Hitler later declared him his favorite conductor and brought him back to Bayreuth in 1936. Victor de Sabata was the only foreign conductor willing to perform in Bayreuth, and only once, in 1939. Most of the important maestros had turned their backs on Germany, fled or been hounded out of the country by the National Socialists, even luminaries such as Bruno Walter, Fritz Busch, Otto Klemperer, Leo Blech and Erich Kleiber. Not to mention legions of lesser-known but highly talented artists. The Nazification of Germany was an unanticipated artistic clear-cutting in Bayreuth, after which the festival had to make do with mediocrity. Karl Elmendorff and Franz von Hoeßlin, lesser lights who were both loyal Nazis and dedicated to Bayreuth, assisted head conductor Heinz Tietjen.

Although in those days the motorcade up the Green Hill was lined with swastika flags, troops and crowds trucked in by the Nazis, Winifred prohibited the display of swastikas or party symbols of any kind on the *Festspielhaus* stage. She also prohibited singing of the Horst Wessel song, the unofficial National Socialist anthem, although that custom was routine in opera houses and concert halls everywhere else in Germany. Not even a Herbert von Karajan had any compunction about that. But Bayreuth was different! The festival retained its artistic autonomy, and despite the problems with conductors, it enjoyed unparalleled renown. Although many important vocalists had emigrated, much of the singing was excellent. Significantly, there was no lack of Wagnerian tenors on the Green Hill. Franz Völker, Set Svanholm, Helge Rosvaenge and Max Lorenz were tenors of the kind that one can only dream of today in Bayreuth. Sopranos and mezzo-sopranos were also in ample supply, as were singers of the lower male vocal range. Rudolf Bockelmann was one of Bayreuth's leading Wagnerian basses during the Third Reich, a status he shared with Josef von Manowarda – although unlike the latter, Bockelmann was not a Nazi. For Winifred Wagner to have retained the high level of vocal artistry in Bayreuth was an undisputed achievement, as was the opening of the Bayreuth Wagner Archive for objective Wagner research, although Otto Strobel, hired in 1932, was not the most incorruptible man to lead it.

The greatest achievement of Winifred and of her team of Tietjen and Preetorius was to finally free Bayreuth from the spirit and the stage aesthetics of the 19th century and to have brought it into the 20th.

Back in 1931, Winifred had publicly declared that Wagner's scores allow for various interpretations – a stance that in the Bayreuth of her predecessors would have been sacrilegious! She also opened the doors of the *Festspielhaus* much wider to the international press.

What Winifred failed to comprehend was that her pact with Hitler signified the beginning of the end for the ever so unique Bayreuth Festival, and that by allowing the National Socialists to infiltrate it, she had opened the gates to Hitler's ideological abuse of Bayreuth and of Wagner. She understood that just as poorly as Wotan understood his triumph at the end of "THE RHINE GOLD" – a triumph that already carries the seed of the catastrophe, which later comes to full fruition in "TWILIGHT OF THE GODS".

In 1937 Wilhelm Furtwängler conducted a splendid "TWILIGHT OF THE GODS" in Bayreuth, in which the incomparable singer Frieda Leider once again sang the role of Brünnhilde. It was the penultimate year for her in Bayreuth. She too was driven out of the country by the National Socialists.

BAYREUTH IN THE THIRD REICH

Hitler's Abuse of Wagner

The Green Hill of the Bayreuth *Festspielhaus* had long since become the gathering place for top party functionaries surrounded by a forest of swastika flags. And when Joseph Goebbels, Minister of Propaganda, opened the new Reichstag on March 13, 1933 with a festive gala performance of the MASTERSINGERS at the Berlin State Opera, that work became the official opera of the National Socialists. Wagner's most democratic of operas had gained the status of a hymn to Nazism.

For Siegfried Wagner's wife Winifred, the daughter-in-law of Richard Wagner and festival director after her husband's death in 1930, Hitler's pro-Wagner stance offered welcome protection. After the end of World War I the material situation of the Bayreuth Festival was by no means rosy, but the propaganda machine on behalf of Wagner rolled full speed ahead.

Within weeks after the National Socialists came to power in January 1933, party comrades were in place directing all of Germany's opera houses and concert halls. The arts were brought in line with the government and used as an instrument of propaganda. Culture, in fact, was transformed into a "weapon of the state". Richard Wagner was declared the greatest hero of the new Third Reich. As the fiftieth anniversary of his death happened to fall in 1933, Hitler exploited the opportunity to stage a grandiose commemorative ceremony in Leipzig. Only two weeks after becoming chancellor, he appropriated Wagner, degrading him into a propaganda tool.

Years earlier, Wagnerians of a folk persuasion had gathered in the circle around Richard Wagner's widow Cosima, biographically transfiguring and politically occupying the composer. They idolized him as the founder of a religion, an anti-Semitic blend of Christianity and

Germanism for the common folk. The authors in the Bayreuth circle thus paved the way intellectually for National Socialism. One of the main propagators of this nationalistic, anti-Semitic image of Wagner was Houston Stewart Chamberlain, a cultural critic of English descent who married Wagner's daughter Eva in 1908, becoming a son-in-law of the deceased Richard Wagner and gaining direct access to the Wagner clan. In the final decades of Cosima's life, he was her closest confidante. Chamberlain's book on Wagner became a sort of bible of German nationalist Wagnerians, propagating the belief in the composer as the "artistic visionary", the reformer of German culture, racist anti-Semite and prophet of a Nordic-German worldview. The wide-ranging effects of this book and of that author's many other publications on Wagner cannot be overestimated. Quoting Chamberlain: "The Bayreuth Festspielhaus is a battle symbol, a standard around which the loyalists gather, armed for struggle."

Chamberlain saw himself as the pioneer of a supposed "Bayreuth way of thinking", which by the way had hardly anything to do with Wagner's own thought processes but very much to do with the folk ideology of Wagner's successors and those who interpreted his ideas in Bayreuth. It was Houston Stewart Chamberlain who built the bridge from the house of Wagner to Adolf Hitler and perverted Wagner's anti-Jewish stance to the uncompromisingly combative extreme: Chamberlain declared both Jesus Christ and Parsifal exemplary "Arians": the grail shone only to the racially pure. That had nothing to do with Wagner's ideas.

Chamberlain spoke on behalf of a Nordic-German race, designating Wagner its artistic visionary and laying the cornerstone for the National Socialist worldview as further developed in "The Myth of the 20th Century", the notorious book of the Nazi propagandist Alfred Rosenberg. He celebrated Wagner as the prophet of a Germanic folk religion, "… in which the Nordic ideal of beauty is coupled with the nature of the Nordic, Occidental soul. Wagner's art heralds the dawning of a new, resurrected life".

That day dawned in 1933, when Hitler became chancellor. In the official program brochures of the Bayreuth Festival during the Nazi regime, as written for example by one Otto Tröbes, Wagner was declared "a path breaker to the Third Reich".

The Wagner cult of the National Socialists was decreed from the top.

Since his youth, Adolf Hitler had venerated Wagner as his personal idol and musical deity. When Hitler came to power, the Führer's personal passion became cultural policy. Along with Goethe, Schiller and Nietzsche, Beethoven, Bruckner, Bach and Mozart, Wagner was appropriated for the goals of National Socialism. A flood of literature in abuse of Wagner tirelessly proclaimed him the prophet of the National Socialist view of the world and gave Wagner's music the status of "music of the state" during the Third Reich.

Hitler and his followers fed on Wagnerian heroes and identified with them – at least in part, for what they managed to completely overlook was the downfall of these heroes. Siegfried's demise after being caught up in political power games and intrigues growing out of the delusions of power-hungry leader; the failure and demonstrative annihilation of Wotan, that other figure of power – these aspects of Wagner's dramas could hardly have fit the image Hitler's followers had of themselves. That also applies to the fall of Rienzi, another figure obsessed by power. It is not without irony that Adolf Hitler, of all people, found his role model in Rienzi, the early operatic hero by Wagner he had first seen as a seventeen-year-old at a performance in Linz in 1906. Rienzi falls in the end, a politician seduced by power and intoxicated by the jubilant but fickle masses. His utopia is an illusion with destructive consequences, including suicide and genocide. Hitler could have hardly perceived that! From today's perspective, there are obvious parallels between Rienzi and Adolf Hitler: both fell victim to their utopian visions, both came to an end very different from anything they'd dreamed of. After his downfall, Rienzi also curses his own people, leaving behind nothing but suffering and scorched earth. As Rienzi died in the rubble of the Capitol, Hitler was buried under the rubble of the burning Chancellery. The former was a hero, however, the latter a paranoid barbarian, criminal and megalomaniac.

Wagner had just as little in common with the spirit of the Third Reich as had the other galleon figures of National Socialist cultural policy, Goethe, Schiller, Kleist and Beethoven. Wagner was closer to Hitler only in chronological terms. And there were certain common points. This should not be underestimated, but also not overestimated. Incidentally, contemporary accounts indicate that Hitler didn't understand much about Wagner's music, or any kind of music. To him, music was probably little more than a very effective acoustical means of enhancing theatrical effects. In Hitler's Third Reich, Wagner's music was mainly used to accompany newsreels, party films, party congresses and similar events. First and foremost, his music was an "aesthetic means of wielding power in the theatricality of German fascism". The Wagner cult in the Third Reich was pure exploitation. That is definitely part of the history of Wagner's effects on the world! But confusing cause and effect is a fatal mistake. To take the effect and draw conclusions about the cause is historically incorrect. One should bear in mind that successors always create their own predecessors. Handing Wagner over to the Führer as his prophet, ancestor or intellectual antecedent would be Hitler's posthumous victory. Perceiving Wagner today through Hitler's eyes is scientifically unfounded, and if done against better judgment, morally reprehensible.

The MASTERSINGERS, crudely abused as the supreme representative opera in the Third Reich, is actually nothing more and nothing less than the utopia of a democratic, aesthetic world order advocating the musical avant-garde.

Nighttime over Bayreuth

The Wartime Festival and the Collapse

The Bayreuth Festival in the wartime years – a special chapter! From the turn of the 20th century, conservative and folk tendencies in Bayreuth had paved the way for a National Socialist Wagner cult.

Times were of course grim in Germany. The existence of the Bayreuth Festival was jeopardized. It was only thanks to Adolf Hitler's personal and financial support of Wagner and the family enterprise in Bayreuth that Winifred Wagner, director on the Green Hill, was able to maintain high artistic standards until the end.

At a performance of the Mastersingers of 1943, Max Lorenz sang the role of Walther von Stolzing. The rest of the cast was equally splendid. Wielding the baton was Wilhelm Furtwängler, the most famous German conductor in the Third Reich and a darling of Hitler and his followers. It was a final artistic summit in Bayreuth in the wartime years, a surge of vitality before the catastrophe. The sets designed by Siegfried's son Wieland were in a thoroughly traditional, even conservative style, indicating nothing of the iconoclast and cleaner-upper of the Bayreuth scene Wieland was later to become.

Due to wartime casting problems, members of the "Viking" Division of the SS, Hitler's notorious special troops, bolstered the choir. With SS troops singing onstage and playing the fanfares from above the main entrance to the *Festspielhaus*, Bayreuth in the Third Reich had sunk to its lowest moral ebb. Festival director Winifred Wagner, Richard Wagner's daughter-in-law, was allied with Hitler. Her sons Wieland and Wolfgang were already preparing for their future activities in Bayreuth. Wieland was widely regarded as the future festival director. In him, Hitler saw Germany's future.

Wieland and Wolfgang's sister Friedelind, the enfant terrible of the family, was the only one in the family to critically distance herself from her mother's enthusiasm for Hitler. Fleeing from the hostility of the Nazis and her mother's psychological terror, Friedelind went into exile in the USA, where she openly criticized conditions in Bayreuth, not only in her book "Heritage of Fire", published in 1945, but as early as 1942. On the eve of the 59th anniversary of the death of her grandfather Richard Wagner, during a broadcast of TANNHÄUSER featuring the New York Metropolitan Opera under Arturo Toscanini, she gave this impassioned radio speech to German listeners:

"It was not easy for me to leave Germany, and I left only when the murderous intentions of the current German regime became apparent. And even then I asked myself how my grandfather Richard Wagner would have acted in my place. Would he have stayed home? Would he have lent his services to the Nazis? Would he have sanctioned their horrible deeds with his name, which is also my name? There can be no doubt about it! Richard Wagner, who loved freedom and justice more than he even loved music, would not have been able to breathe in Hitler's Germany. That is proven by many of his writings and statements. Listen to what he said: 'I would joyfully surrender and destroy everything I have ever created if I knew that it would serve to promote freedom and justice in the world.' Those were his words. Never would he have joined forces with the destroyers of all freedom and justice in Europe. Never! His music, his works and his stature belong to humanity and are German in a sense that cannot be fathomed by Hitler's Germanism. My grandfather is dead and cannot defend himself against abuse. And Hitler, the blasphemer of God, blasphemes Wagner by making him his favorite. That is why I have left Hitler's Germany, and that is why I am happy and grateful to be able to commemorate the anniversary of my grandfather's death here in New York."

Due to deficiencies registered by building inspectors, a restoration of the Bayreuth *Festspielhaus* was being considered. That degenerated into a monstrous plan by Rudolf Mewes, an architect personally commissioned by Hitler. On the festival hill a sort of Wagner acropolis was to be built, a gigantic classicistic complex in the National Socialist architectural style with meandering wings housing a museum, archive, restaurants and a lecture hall – and at the center, the *Festspielhaus*. The stage and the auditorium were to be expanded. The new *Festspielhaus* would be opened with a TANNHÄUSER production by Wieland Wagner. Fortunately the outbreak of war prevented the plan from being implemented. Back in 1937 Wieland had given his less than spectacular debut as set designer with a new production of PARSIFAL under the musical direction of no less a luminary than Richard Strauss, an excellent conductor and the internationally respected showcase composer of the Third Reich. For a time, Strauss served as President of the Reich's Music Chamber. He was by no means the apolitical composer people still like to make of him today.

After war broke out in 1939, it seemed clear to Winifred Wagner that no more festivals would take place. She prepared to close the *Festspielhaus*, but Hitler intervened, insisting that the festival would go on. In 1940 he created the "Wartime Festival", no longer open to the general public but only to persons designated as "guests of the Führer": military personnel and workers in the war industry sent to Bayreuth at no personal expense in reward for patriotic service. The administration of these "Wartime Festivals" lay in the hands of the National Socialist organization for the masses known as Kraft durch Freude ("Strength Through Joy"). The festival became a grotesque and ludicrous propaganda event, with the *Festspielhaus* populated by culturally unsophisticated and disinterested party officials, exhausted workers, by no means all of whom were interested in Wagner, and, in the course of time, wounded soldiers who would have rather spent time with their families. It's said that at times, the Green Hill resembled a hospital ward.

These "festival guests", transported to Bayreuth in groups in the "Reich's Music Train", marched from the station to barracks where they were housed and fed. They had orders to assemble in front of the *Festspielhaus* the following morning, where they were supplied with propaganda material and handed vouchers for beer, cigarettes – and a performance. After which they left again. In this spooky ritual, the ideological manipulation was perfect. It was explained to the audience of the MASTERSINGERS that the work would fill everyone who saw it with a sense of the sacred mission of German culture and would inspire each person to return to the front or the factory with fresh enthusiasm and make his own contribution to crushing what they called the "international plutocratic Bolshevist conspiracy".

The propaganda machine of the "Wartime Festival" cranked along at full speed. Hitler himself actually paid only one wartime visit to Bayreuth. In August of 1940, returning to Berlin after the conquest of France, he stopped over in Bayreuth, and ironically, took in a performance of "Twilight of the Gods". It is understandable that after 1945, the name Richard Wagner was frequently uttered in a single breath with National Socialism. For almost twelve years, great propaganda efforts had been undertaken to identify National Socialists with the works of Wagner, although closer examination reveals this to be abuse of Wagner "on a botched level", to quote Thomas Mann. But back then, who cared? That makes the issue all the more interesting to those who experience Wagner today. One should not be deceived by the National Socialist "Wagner lie" – and even less so by the post-National Socialist one. For the sake of historical justice and scholastic integrity, it is a matter of differentiating between the work and its effect. The issue is that of Richard Wagner's role as a historical forerunner and his moral responsibility. Hartmut Zelinsky is an author who still today believes it is necessary to interpret Wagner from Hitler's perspective. Israeli historian Jakob Katz takes aim at this position, saying: "Interpreting Wagner on the basis of the ideology and the deeds of those who came later and identified with Wagner is illicit. Doing so is back-dating, reading Wagner's own stance into the continuation and transformation of Wagner's ideas by Chamberlain and Hitler."

That statement sums it up. In 1944 the festival took place once again. It was the last "Wartime Festival", striking the final hour of the National Socialist chapter in Bayreuth Festival history. Although Hitler had not visited Bayreuth since 1940, he remained in close contact with Winifred by telephone from his Berlin headquarters. Even after the July conspiracy of 1944, when everything around him had fallen into rubble and ashes, Hitler continued to believe that the festival would go on in 1945. In January of that year Wieland visited the Führer in his Berlin barracks to request release of Wagner's original manuscripts and scores, wanting to take them back to Bayreuth for safekeeping. But Hitler refused. Then events followed in quick succession. Bayreuth was not spared American bombing attacks, although most of the considerable destruction of the Franconian city occurred shortly before the end of the war. The Wahnfried mansion was heavily damaged. Winifred took valuable objects, Richard Wagner's library, paintings and archival material to a safe place before public order collapsed in bombed-out Bayreuth. The *Festspielhaus* was broken into, costumes were stolen and eyewitnesses said that for miles one could see German refugees clad in this or that Wagnerian costume. On April 14, 1945, an American tank division conquered the city. Capitulation was at hand, the end of the war and of a disastrous, indeed the most disastrous chapter in the history of the Bayreuth Festival. Nobody knew whether it would ever be take place again. Any continuation in the near future was unthinkable.

The Miracle of New Bayreuth

New beginning after World War II

On July 30, 1951, the curtain rose on the post-war Bayreuth Festival, with Parsifal marking the Bayreuth debut of Hans Knappertsbusch. Richard Wagner's grandson Wieland was the stage director and set designer.

For conservative Wagnerians, the world must have come to an end. The protagonists sang and acted on a nearly empty stage, there were almost no props or any indication of historical realism. Yet this Parsifal gave the downbeat to a new epoch in Bayreuth Festival history. That it was even possible, that the festival could have been revived, continuing past traditions while beginning anew – to many, it was a miracle.

But that miracle did not come from above, like a Lohengrin sent by the grail. Wieland and Wolfgang Wagner, unequal brothers: one a visionary of stage scenery, the other practical-minded and highly talented in organization and business matters. After Germany had lost World War II, after Hitler had appropriated Wagner as an instrument of propaganda and after Bayreuth's pact with Hitler, the two had decided to make a new beginning. At the dawn of "New Bayreuth", as the festival was called after 1951, stood the declaration of non-involvement by their mother Winifred and a radically new approach to stage sets. New singers, new conductors and a completely new concept of stage direction entered the Bayreuth *Festspielhaus*. None of this was easy. Directly after the war's end, Wolfgang had sought to raise the necessary financial means by riding around Germany on his motorcycle on behalf of Wagner and Bayreuth. He knocked on all the important doors: government offices, authorities, politicians and businessmen, private persons and organizations. And as he says today, he also had to overcome prejudice:

"Yes, my God, as always, there were two big problems. One was financial. One should never forget that Richard Wagner failed to find the funding for the second year of the festival. And then it was matter of overcoming aversions that existed only on the part of the Germans – without foreigners we never would have managed this – aversions that were of course based on my mother's friendship with Hitler. We did manage to overcome them relatively quickly, not least of all because our mother had formally abdicated any future leadership of the festival. And we were more or less successful in locating the financial means. But then there was a big problem that everyone had pointed out, saying, 'You'll never be able to put an ensemble together.' There was no Brünnhilde far and wide, so we negotiated with Flagstadt – and she told us: 'Herr Wagner, you must start all over with completely new people. It would be senseless to carry over the old ones!' That was the main difficulty – so I asked, 'Who can you recommend?' And then the name Varnay came up." (Wolfgang Wagner)

With Sigurd Björling as Wotan, Astrid Varnay gave a brilliant rendition of Brünnhilde at the reopening of the Bayreuth Festival. As she recalls, "At the beginning Martha Mödl and I were the only dramatic sopranos, and afterwards Birgit Nilsson joined us. Bayreuth was at its new beginning, the country was very poor, in Bayreuth you could still find a parking space if you had a car – there weren't very many cars back then! The people made their pilgrimage to the hill by foot. It was a time of hope and reconstruction. There was a sign saying Hier gilt´s der Kunst ("Art is what matters here"). People didn't want to talk politics. It was as though we were all pulling a carriage filled with opera. And in Bayreuth, we forged an alliance for a common goal: to restore art and bring it to the people – and the public was tremendously grateful." (Astrid Varnay)

Bayreuth had been closed since 1944. After the war, the American military government had confiscated the Wahnfried mansion – Wagner's residence – and Winifred Wagner's complete possessions; she had, after all, been a prominent supporter of the National Socialist regime. The *Festspielhaus* was used for religious services and for plays, operettas and shows staged for the entertainment of the troops. In 1949 everything was turned over in trust to the city of Bayreuth. For a time, the city used the *Festspielhaus* to house refugees from Sudetenland or for concerts, musical comedies and performances of Italian opera. But at a relatively early point the decision was made to reinstate a Wagner festival.

Trying to salvage Bayreuth tradition, the mayor of the city turned to Franz Beidler, a Wagner family member who had a clean political slate. Beidler was the son of Isolde, Cosima's daughter from her first marriage. He developed guidelines for a new festival administration that was no longer to be in the hands of the Wagner family, but managed instead by a Richard Wagner foundation. It was suggested that Thomas Mann would be the honorary president of the foundation council. Somewhat amused by the offer, Mann declined. At the same time, ignoring Siegfried Wagner's last will and testament, the government of the State of Bavaria had determined that the festival would be led by an international council made up of luminaries such as Thomas Mann and the conductors and composers Bruno Walter, Sir Thomas Beecham, Paul Hindemith and Richard Strauss.

After the collapse of the German Reich and the end of the war, the denazification tribunal declared Winifred Wagner guilty of having promoted and drawn benefit from the Third Reich. That disqualified her from any future involvement in the festival direction. There had to be a generational change in leadership in Bayreuth, so in a binding statuary declaration, the wife of Siegfried Wagner, the onetime friend of Hitler and festival director until 1944, declared that she would henceforth refrain from any participation in the organization, administration and direction of the Bayreuth Festival and that it would be reestablished and continued by her sons Wieland and Wolfgang. The path was clear for a new beginning.

Shortly after the war's end, the American military governor in Bavaria had toyed with the idea of taking the Wagner festival in Bayreuth away from the Wagner family and internationalizing it. That plan would have seriously jeopardized any continuation of the Wagner family tradition. But after the Federal Republic of Germany was founded, the Bavarian state government unfroze the family's assets and made a clear decision in favor of continuing the family enterprise.

To pay for the first postwar festival, Wagner's grandsons planned to sell original manuscripts from the family archive. But the "Society of the Friends of Bayreuth", founded in 1949, came up with the means to prevent this sale out of necessity. Year after year ever since, it has proven to be one of the most effective financial pillars of the Bayreuth Festival.

After the currency reform of 1949, money was scarce for hiring artists, for scenery and costumes. And there was still much ill will in the public about Bayreuth's political past and about the Wagner brothers. Nonetheless, by the autumn of 1950 Wieland and Wolfgang had managed to put together the starting capital of one and a half million marks. For the new beginning in 1951, one thing was clear: for the sake of artistic credibility there would be no continuation of past traditions. So out of principle, the conductors, singers and long-serving veterans of the era of the Third Reich were excluded from participation. Finding conductors and choral directors among those who had remained in the country was a difficult matter, as was scouting out new voices in Germany and abroad. Herbert von Karajan, a clever opportunist during the Third Reich, was the opera director at the Aachen Theater after the war. His time had come. Karajan recommended Wilhelm Pitz as choral director in Bayreuth. For decades, Pitz proved to be one of the best in his field. Under his direction, the Bayreuth Festival Chorus emerged as one of the finest in the country.

The Wagners had no recourse but to draw on unknown young singers, but the trickiest part was engaging new conductors. Those who had remained in Germany, like Wilhelm Furtwängler, Clemens Krauss, Karl Böhm and Herbert von Karajan, had a troubling political past. Because a solid sense of musical tradition was both desirable and necessary, all bets were placed on Hans Knappertsbusch, a conductor with a clean political bill of health, who, in fearless disputes with the National Socialists, had sacrificed his position as Music Director of the Munich Opera. The Wagners also dared to invite Wilhelm Furtwängler, but only once, and only as the conductor of Ludwig von Beethoven's Ninth Symphony at the concert commemorating the festival reopening. Knappertsbusch and Karajan conducted all twenty-one performances in the new productions of Parsifal and the Ring in 1951. Highly talented but equally vain, Karajan immediately fashioned himself as Bayreuth's unofficial director, which quickly cost him the friendship of Wieland and Wolfgang.

The new beginning in Bayreuth was celebrated in Germany and abroad as a theatrical event of the highest caliber. Wieland's new stage aesthetics, far removed from any sense of history or naturalism, had the effect of giving the viewer scope for fantasy. He revealed a completely "new", purged Wagner on the stage. Suddenly Wagner seemed apolitical;

at the forefront was his humanism. In musical terms, the temperamental young Herbert von Karajan and the old well-versed Wagnerian conductor Hans Knappertsbusch gave their best. The young league of soloists was veritably sensational and revealed great potential. Nothing now stood in the way of a new era in Bayreuth. Like two young Siegfrieds, Wieland and Wolfgang Wagner had courageously embarked on new deeds in an uncertain future.

WIELAND WAGNER CLEARS OUT THE COBWEBS

New concepts, exceptional conductors and young singers
on the "Green Hill"

In 1951 Wieland and Wolfgang Wagner successfully reopened the Bayreuth Festival, which, due to the war and its aftermath, had been closed for six years. But this was no seamless continuation of the pre-war tradition of Wagner interpretation and definitely not a revival of the politicized wartime festival, which had been a far cry from what Richard Wagner had once envisioned in Bayreuth.

Wieland Wagner entered new scenic territory with his productions of PARSIFAL and the RING in 1951. He introduced personally designed sets with symbolic references of form to the big stage of the *Festspielhaus*, employing lighting to achieve pronounced dramatic effects. And with his first new staging of TRISTAN the following year, Wieland pursued these aesthetics of abstraction even further, radically eliminating superfluous decorations and frills. The Green Hill was no longer the place for backdrops, realistic props, anything historical or certainly anything Teutonic. The catchword was *Entrümpelung*, which roughly translates as "clearing out the cobwebs". Wieland Wagner's scenic revolution on the Wagnerian stage perhaps had the widest-ranging effects in the history of Wagner productions since the 1920's, when Swiss set designer Adolfe Appia had ventured into abstraction far ahead of his time. With those three productions, Wieland defined "New Bayreuth" with its trademark circular stage floor, a disk-shaped surface that people later fondly called "Wieland's hotplate". Also known as Wieland's "world disc", it symbolized the universe. On it, he turned the protagonists into symbols of archaic stature. The simplified but expressive costumes he designed for the singers had a function more dramatic than decorative. Largely avoiding historical references, he also dispensed with classical set designs, focusing the audience's attention instead on meaningful gestures and facial expressions that held high dramatic tension. The stage was now a "spiritual space". Perhaps the most extreme expression of this approach was his rigorously geometric production of TANNHÄUSER, introduced in 1954.

Preparing for the reopening of the Bayreuth Festival, Wolfgang Wagner had crisscrossed Germany on his motorcycle, seeking out patrons, sponsors and other sources of financing. Meanwhile, his brother Wieland was carefully planning a new beginning in terms of basic concepts and visual aspects of Wagnerian theater. Spending the final months of the war with his family at Lake Constance, he eagerly delved into everything that had been prohibited during the Third Reich, including Siegmund Freud's depth psychology and the Carl Jung School's research into symbols. He also probed into myths and studied modern works of art that in an international context were no longer overly avant-garde, such as those of Pablo Picasso, Piet Mondrian and Henry Moore. Both Wieland and Wolfgang were determined to bring about a radically new interpretation of Wagner. In his dramaturgy, Wieland dared to jump into cold water. It was also a new musical beginning, with conductors who'd never yet been heard in Bayreuth: Herbert von Karajan, Wolfgang Sawallisch, Lovro von Matacic, Lorin Maazel, Thomas Schippers and Joseph Keilberth, to name but a few. Young singers previously unheard on the Green Hill joined them. The result was a vocal team of a quality theretofore unequalled and never again attained in Bayreuth – one needs only to recall singers like George London, Hans Hotter, Martha Mödl, Astrid Varnay, Gustav Neidlinger, Josef Greindl, Wolfgang Windgassen, Marti Talvela and many others, the *crème de la crème* of Wagnerian singing at the time. Wieland's objective was to create a style that was new and unique in every respect. And he was successful. The two brothers agreed that for the time being Wolfgang would be responsible for organization and Wieland for artistic matters, for stage direction and design. He set the goal of staging a further work by his grandfather on the average of every two years, after which his brother would produce a complete cycle of Wagner's works suitable for the *Festspielhaus* stage. Wolfgang too had thoroughly learned the techniques of stage direction, at the Berlin State Opera.

Wieland, trained as a painter and, up to 1945, trained and engaged as a stage director in Altenburg, Saxony, wanted to achieve a new approach to interpreting Wagner's oeuvre through modern means of visualization. As he explained in an interview, the stage should no longer convey illusionary reality, but instead should be an allegory: "I seek musical abstraction. Because I regard Bayreuth as a workshop where people work untiringly, this has changed the basic character of Bayreuth. I've decided that we must basically work as freely as possible. Richard Wagner's directions, which all the old Wagnerians know by heart, are theater of their own times but not of our times. Those directions are for a stage set with scenery, for gaslights and for painted, suspended decorations. By now we have the lighting console, we are different people now, we've been through wars!"

Clemens Krauss and the venerated Hans Knappertsbusch were probably the most experienced Wagnerian conductors to collaborate with Wieland. In a festival publication for the reopening of the Bayreuth Festival, Wieland printed an article titled "Tradition and Innovation", spelling out the objectives of the festival and justifying his break with tradition and his departure into new scenic and musical territory. The central idea was the empty "illuminated space", replacing the "illuminated image". Because Wieland gave the music priority over any kind of prop, his "cleaning out the cobwebs" never held the risk of merely fashionable experimentation. Essentially, he was bringing about Richard Wagner's idea, as expressed to his wife Cosima on September 23, 1878 after the first Bayreuth Festival and recorded in her diary: "After having created the invisible orchestra, I'd like to invent invisible theater." The basic idea in that statement became Wieland's guiding principle: "In 1951 we began to find a style for Richard Wagner's works befitting our times, and we believe we can now say that we've been successful not only in achieving a new performance style, but also in something I consider much more important: building an ensemble of singers from all over the world who, as singing actors in the truest sense of the word, are able to completely fulfill this new style." (Wieland Wagner)

With his 1956 staging of the MASTERSINGERS, Wieland destroyed the last bastion of the old Wagnerians by eliminating Hans Sachs' Nuremberg. It was like a Shakespearean play, but with no reference to time or geography. The public and the press were outraged over what was called

"The Mastersingers Without Nuremberg". The production was a scandal, but scandals were a permanent institution in postwar Bayreuth.

Among the singers who defined post-war Bayreuth from the beginning were Astrid Varnay and Martha Mödl. The latter was the Kundry of the new beginning. But it was also as the first post-war Isolde that Martha Mödl proved to be an outstanding singer of singular acting ability. Along with Wolfgang Windgassen, Astrid Varnay and Birgit Nilsson, she vocally embodied New Bayreuth and Wagnerian singing not only there, but also all over the world. Mödl was a Bayreuth regular up until the late 1960's, her last role being that of a deeply moving Waltraute in Wieland's RING production. Over thirty years after his death, she described him in these words: "I learned from Wieland that you can portray something without being surrounded by paraphernalia, that a single position is all you need to express a complete figure! This concentration and restriction, never overshooting the goal – that's something I really learned from him."

Another major discovery of post-war Bayreuth was the then twenty-year-old singer Anja Silja. Equally and exceptionally talented as a singer and an actress, she was perhaps Wieland's greatest discovery. Silja had the dual qualities of a maidenly appearance and a penetrating, dramatic voice. Wieland's enthusiasm for this young singer-actress began as a common artistic endeavor and developed into a love affair; she was also his private companion up until his death in 1966. Anja Silja was Wieland's Senta, and in Bayreuth she also sang the roles of Elsa, Elisabeth, Freia and Venus. In Wieland's productions on other stages, she also embodied the highly dramatic Wagnerian roles. Today, Anja Silja recalls her years with Wieland Wagner as the high point of her life: "It actually was my whole life, and unfortunately, it was already over when I was only 26 years old. That, if you will, is the tragedy of my life. One has to come to terms with these things. That's just the way it is! We needed each other. In me he saw the ideal that Richard Wagner had also probably had in mind – simply the notion of having a young woman embody these roles. That had never been achieved before then, nor has it since: a twenty-year-old girl singing Isolde, or a nineteen-year-old Senta. It was unprecedented, and to him, an absolute fulfillment. And to me, it was absolutely fulfilling for somebody to engage me for the task and to entrust me with it, convinced that I was up to it!"

Wieland staged the famous silvery-blue Lohengrin of 1958 as a mystery play with Anja Silja as Elsa and Astrid Varnay as Ortrud. It was not only with this production that he was accused of basically just putting costumed oratorios onto the stage. Time after time, Wieland managed to shock the Wagner public. But he had created his own style, and with that, set standards for Wagnerian productions that spread from Bayreuth to the rest of the world. In the Wieland era in Bayreuth, what the audience got to see and hear in the *Festspielhaus* was still clearly of much higher caliber than Wagner performances anywhere else in the world.

Wieland Wagner died in 1966, not yet fifty years old, leaving the full inheritance and responsibility for the festival direction to his brother Wolfgang. Wieland's final production, the Tristan of 1962, was perhaps his most symbolic staging. Bringing out the eroticism of the work, monoliths evoking phallic symbols arched into the heavens on the radically abstract set. In that production, another star rose on the Bayreuth firmament, a splendiferous Birgit Nilsson as Isolde. Long after Wieland's death, her radiance continued to emanate from Bayreuth to the rest of the Wagnerian world, also illuminating the era of Wolfgang Wagner. Under conductor Karl Böhm, this Tristan with the Swedish singer was preserved as perhaps the most expressive musical icon of a bygone era.

Workshop Bayreuth

Wolfgang Wagner's Securing of the Inheritance

Rudolf Kempe's musical direction of the RING in the years 1960-63 was just as sensational as Wieland Wagner's staging had earlier been. Kempe served up the perfect pendant to Wieland's scenic concept in "New Bayreuth". It was the most modern musical rendition to date, of a kind that could not have been achieved by leading maestros preceding him: Hans Knappertsbusch, Heinz Tietjen, Herbert von Karajan or Clemens Krauss. In Kempe's fast-paced RING the tone was slender and the structures analytically clear. Although musically brilliant, this RING already showed signs of a crisis in Wagnerian singing. Over the course of the four evenings many of the roles had to be assigned to different singers. Nonetheless, it was a rendition of Wagner refreshingly free of showmanship and empty pathos.

General opinion had it, however, that Wolfgang Wagner's staging was somewhat less refreshing; it was, in fact, somewhat conventional. The stage surface was a disk that could be split into segments at a number of locations. The segments were lowered or raised, tilted or overlaid. The technology was novel, but nothing in the interpretation was new or pointed to the future.

With Wieland Wagner's death in 1966, the most exciting chapter in the postwar history of the Bayreuth Festival came to an abrupt end. Thanks to his brother's innovations, Wolfgang inherited one of the world's most renowned and progressive festivals and operatic theaters. But after only a few years under Wolfgang's direction, the international music world felt that the era of innovation in Bayreuth was over. The stagings – and not only those by Wolfgang himself – were regressing to the conventional, old-fashioned and arbitrary. And the Old Guard of singer-actors of the Wieland era was no longer available. Apart from a few stellar moments, casting compromises were the order of the day. Conductors and directors alternated, newcomers and young talents had their turn alongside tried and true masters like Karl Böhm, Horst Stein and Erich Leinsdorf. The Bayreuth Festival became the "Workshop Bayreuth", with new productions generally reworked over a period of five years.

1967 was the last year in which Wieland Wagner's staging of the RING was performed. Three years later, Wolfgang Wagner introduced his new RING. The reservations over Wolfgang's artistic decisions notwithstanding, his managerial and organizational talents doubtless made him the best possible person to lead the festival. One of his greatest achievements was the establishment of the Richard Wagner Foundation. In 1977, after years of negotiations, an agreement was reached between the Wagner family, the Federal Republic of Germany, the state of Bavaria and representatives of regional governments and the public. The entire Wagner inheritance, including the Festspielhaus, the *Wahnfried* mansion and the Wagner archive, were converted into a publicly owned foundation. *Wahnfried*, destroyed in the war, was turned over to the city of Bayreuth, which in turn leased it to the Wagner Foundation and restored it as a Richard Wagner museum. The *Festspielhaus* was leased to Wolfgang Wagner, who was named festival director for life. This marked the end of the Wagner festival as a private enterprise; Bayreuth now had the status of a national institution, which had once been Richard Wagner's dream. Down through the years after being designated sole director in 1966, Wolfgang Wagner has used his clever expertise to legally and financially secure the festival's continued existence. Step by step he has restored the *Festspielhaus*, making it one of the world's most modern and technically best-equipped theaters. These are accomplishments of which he is justifiably proud: "To sum it up, I can at least consider the status of the Bayreuth Festival guaranteed, to the extent that I have been able to achieve this through my efforts. That was one of my main goals in establishing the foundation. Before 1944 the ownership and the direction of the festival were one and the same. But after the war, that was no longer possible anyway. These two things were separated. And then came the foundation. The intention was to prevent the valuable Wagner manuscripts or the library or his entire inheritance from being picked apart and destroyed through any possible inheritance disputes within the family." *(Wolfgang Wagner)*

At the 1967 Bayreuth Festival, this RING conducted by Karl Böhm assembled a top-notch cast only seldom equaled since then, with Wolfgang Windgassen, Kurt Böhme, Leonie Rysanek, Martha Mödl, Helga Dernesch, Anja Silja, Theo Adam, Josef Greindl and Martti Talvela. One of Wolfgang Wagner's greatest vocal discoveries was the Swedish soprano Birgit Nilsson, whom he engaged for his first LOHENGRIN production in 1953. Nilsson later sang the roles of Brünnhilde and Isolde. For sixteen years, this world-class star of Wagnerian singing was the unsurpassed high dramatic soprano in Bayreuth. Today Birgit Nilsson describes the current vocal situation in Bayreuth in sarcastic tones: "Bayreuth is no longer what it was when I was there. Today they don't talk about the Bayreuth *Festspielhaus* anymore. It's called the 'Workshop Bayreuth'. And that term covers a lot of ground. These days, any beginner can sing in Bayreuth."

Birgit Nilsson lent her unique resources of strength to the role of Brünnhilde at the 1967 Bayreuth Festival. Wolfgang Windgassen, the most reliable tenor of "New Bayreuth", was Siegfried.

By the 1970's, after the departure of the great heroic tenors and highly dramatic sopranos of the old school, Wagnerian singing entered a serious state of crisis, which was bound to be particularly evident in Bayreuth. Not even Wolfgang Windgassen had been a Wagnerian tenor in the venerable old heroic sense, but his slender, cultivated and sonorous voice was clearly understandable and his expression eloquent. Those qualities, after all, were more important to Richard Wagner than having a big, loud voice. René Kollo was another asset to Wagnerian singing, and Wolfgang Wagner can take the credit for having brought him to Bayreuth. Kollo was of course also not a *Heldentenor* in the mold of Max Lorenz or Lauritz Melchior – actually he was the complete opposite – but at the height of his artistry in the 1970's, he was a sensational tenor like only few others, doing full justice to Wagner's demands for clear articulation and intelligent vocal phrasing. In 1975 he took on the role of Parsifal in Bayreuth.

After the death of Wieland Wagner, new tenors were constantly being tried out, used up and replaced. Wieland Wagner's productions remained on the program for a few years after his death, alongside those of Wolfgang Wagner. To the list of his own stagings, Wolfgang added a conventional, romantic rendition of LOHENGRIN in 1967. In it, Hungarian tenor Sandor Konya sang the role of the knight of the swan in bel canto tones. In 1970 Wolfgang came up with a new RING that was much like the old one, with the stage surface people jokingly called the "foldable saucer". In the pit was Horst Stein, a Wagnerian conductor of profundity. Later, Wolfgang replaced Wieland's PARSIFAL, which had been on the program for twenty-three years, with a new production characterized by radiant colors and magical expressiveness. In 1968 he staged THE MASTERSINGERS as a throwback to pre-Wieland times, with a romanticized medieval Nuremberg, a Franconian festive meadow and uprightly naive stage architecture in half-timbered style. THE MASTERSINGERS became Wolfgang's favorite work, and he staged it several times. Among the mostly average stagings in the first ten years after Wieland's death, one production, at least, could be described as a sensation: TANNHÄUSER as interpreted in 1972 by Götz Friedrich, then a stage director at East Berlin's "Comic Opera". Friedrich's TANNHÄUSER was a modern piece of artistry with a socially critical message. It marked the beginning of stage direction in Bayreuth with updated references to modern times.

August Everding directed THE FLYING DUTCHMAN in 1969 and TRISTAN in 1974, both with sets by Josef Svoboda that were modernistic but conveyed little meaning. The scenery included suspended plastic hoses, elaborate lighting effects, all sorts of reflectors and backdrop constructions, but the production was hardly exciting or eloquent.

Wolfgang Wagner did, however, pull another musical coup by engaging Carlos Kleiber to conduct TRISTAN AND ISOLDE in 1974, although Kleiber stayed for only one season. The superb cast included Helge Brilioth and the young Catarina Ligendza in the title roles. It was a final high point before the Bayreuth Festival centennial in 1976, which was to completely surprise the Bayreuth public. In comparison, Wolfgang Wagner's own MASTERSINGERS production under the musical direction of Silvio Varviso was rather mediocre. A redeeming feature was Karl Ridderbusch, who delivered the role of Hans Sachs with power and distinction. And the Bayreuth Festival Chorus, performing with consistently high quality, was deemed Germany's finest. Wilhelm Pitz, who built the chorus from scratch in 1951, was succeeded in 1972 by Norbert Balatsch.

One Hundred Years of Bayreuth

Chéreau's "Centennial Ring" in 1976; Political Discussions on Wagner and the Germans

In the post-Wieland era, Wolfgang Wagner, solely responsible for the direction of the Bayreuth Festival, made it an extremely successful enterprise, at least in material terms. One by one, he removed his brother's last productions from the program and presented his own stagings of Lohengrin, The Mastersingers and Parsifal. These technically solid but not very exciting renditions did not meet with great public enthusiasm.

In 1969, Wolfgang Wagner began to turn the stage over to other directors such as August Everding and Götz Friedrich. The latter, with his updated, socially critical Tannhäuser of 1972, caused a considerable stir. Bayreuth as a "workshop" had finally replaced Richard Wagner's ideal of developing model productions there. Wieland's stagings as "work in progress" no longer existed. The productions were no longer the goal but rather the point of departure for the careers of singers, conductors and stage directors. It was most of all in casting that Wolfgang Wagner developed the strategy of trying out young and by no means fully accomplished singers in Bayreuth and developing them into great voices, although their greatness was sometimes questionable and of short duration. One of the last outstanding vocal highlights was the Hungarian tenor Sandor Konya, in a performance of Parsifal only a few weeks after Wieland's death. This was a Parsifal fully in the spirit of bel canto.

Wieland Wagner had hired both Pierre Boulez and Karl Böhm. But under Wolfgang Wagner's direction came dramatic changes in the lineup of conductors in Bayreuth between 1966 and 1976. Karl Böhm and Rudolf Kempe stayed away from the festival, as did Pierre Boulez for a time. Erich Leinsdorf appeared for only one season. The great conductors of the day were either not invited to Bayreuth, or they refused to come. It was a period of rather solid everyday fare served up by secondary maestros such as Alberto Erede, Silvio Varviso, Heinrich Hollreiser and Horst Stein. The latter, admittedly, mastered his technique as perfectly as only few other Bayreuth conductors of the time. Stein was one of the most reliable pillars of the overall solid musical structure of Bayreuth in the first twenty years of the Wolfgang era. He also enjoyed international respect as a Wagnerian conductor on other stages.

While Bayreuth was serving up respectable scenic, stage and vocal achievements in the late 1960's and the first half of the 70's, the truly exciting Wagner productions took place elsewhere. In Kassel, for example, Ulrich Melchinger challenged conventional interpretations of the Ring, as did Joachim Herz in Leipzig – each in a different way, with both productions generating excitement. Despite the resplendent name that continued to draw a public from all over the world, Bayreuth was no longer the Number One of Wagnerian theater. All that changed at a stroke with the Bayreuth centennial in 1976, when Wolfgang Wagner, the clever, resourceful, well-versed and commercially successful festival director, pulled a coup that was not to be underestimated. The French team he engaged produced one of the most sensational stagings in Bayreuth and in Wagnerian theater anywhere. Despite wildly virulent public protest at first, this gala Ring was soon deified as the "Centennial Ring". What a miracle: Patrice Chéreau, a young French stage director, his set designer Richard Peduzzi and costume designer Jacques Schmidt produced a multifaceted, politically explosive and sensuous Ring of a kind never before seen in Bayreuth – or anywhere else. It also marked the Bayreuth comeback of the avant-garde composer and conductor who'd taken the pathos out of Parsifal: Pierre Boulez, under whose direction this scenic Ring event was musically slender and free of any aura of sacredness.

Although Patrice Chéreau, the director of the Bayreuth "Centennial Ring", claimed on several occasions that he had not based his staging on any central idea, it was impossible to overlook the social criticism in his Ring concept, based on ideas by George Bernard Shaw and Karl Marx and supported by vivid, imaginative sets and magnificent 19th century costumes. Chéreau and his team juxtaposed early capitalism and modern prefascism, antique myths and romantic fairy tales, subtle psychodrama and riveting political theater. The stage production combined burlesque comedy, high tension, concentrated acting, poetry and enlightenment. The sets veritably made theater history: the huge reservoir dam watched over by sensuous harlots in "The Rhine Gold"; or Brünnhilde's rock, inspired by Böcklin's painting "Island of the Dead"; Renaissance Palazzo facades and those reminiscent of the 19th century era of the founding of the German state; the natural aura of the scene with Siegmund and Sieglinde in THE VALKYRIE; the pyrotechnically impressive fire magic; and, at the end of "Twilight of the Gods", before a backdrop of urban brick architecture, the burning stake into which Gwyneth Jones, an outstanding actress, leaped, with bourgeois contemporaries who seemed not too far removed from our own times looking on, moved by the allegorical finale of this parable of capitalism. Equally impressive were the kitschy, picture-book dragon in "Siegfried" and the steam engine world of Mime the smith, rendered by Heinz Zednik as an outstanding character study, both in his singing and acting.

The RING of Patrice Chéreau and his team, in retrospect one of Bayreuth's greatest successes, was by no means warmly applauded at the premiere. On the contrary: the enraged protests in the audience surpassed anything that had been witnessed up until then. Taking up arms against this production, fundamentalists among conservative Wagnerians actually founded a "Circle of Activism on Behalf of the Work of Richard Wagner", but unsuccessfully; Wolfgang Wagner defended his team against all resistance. And time proved him right. By 1980, the last year of the Chéreau RING, the public had long since come to understand that it had witnessed a stellar moment in theater history. At the farewell performance, the audience gave ninety minutes of ovations for the participants on and below the stage. All agreed that after Chéreau, nothing in Wagnerian theater would ever be the same.

But there were other changes as well. In 1976, after thirty-three years of marriage, Wolfgang Wagner divorced his wife and married Gudrun Mack, one of his secretaries. He also fired his daughter Eva Wagner, whom he'd employed in the Bayreuth family enterprise after Wieland's death. He prohibited his recalcitrant son Gottfried from setting foot in the *Festspielhaus*. The disputes in the Wagner family grew more bitter and irreconcilable. Wolfgang Wagner's break with all other family members and his unconditional sole direction were cemented in. In her illustrated book on the Wagner family published in 1976, Nike Wagner, the clever daughter of Wieland, accurately and prophetically described the family of Wagners as: "A bitterly divided clan where the fathers castrate the sons and the mothers smother them with love, where mothers reject their daughters and daughters denounce their mothers, where brothers step on each other's toes and brothers rise against sisters just as sisters rise against brothers, where daughters are passed over in silence and daughters-in-law shoved aside, where the men are feminine and the women masculine and where great-grandsons nibble at each other's livers."

Since 1976, the Bayreuth of Wolfgang Wagner has been under increasing attack by members of the Wagner clan. At festival opening it has become a veritable yearly ritual for at least one of the family members kept away or rejected by Wolfgang to produce some provocative or scandalous statement or publication that invariably generates shock waves in the media. But Wolfgang Wagner has been under fire from other quarters as well. A number of publications on the occasion of the Bayreuth centennial clearly took aim at the politically dubious role Bayreuth played in Germany's political history. Michael Karbaum, who authored a profound, semi-official study of the first hundred years of the Bayreuth Festival, was the first to insert a finger into the wounds, pointing to the delicate history of Bayreuth's effects on German political developments. Most importantly, he revealed and documented the festival's entanglement in the rightist movement in general and National Socialist politics in particular. Even Walter Scheel, then Germany's President and the guest of honor at the Bayreuth centennial celebration, stirred up uncomfortable feelings when he declared in his commemorative speech: "Bayreuth's history is a part of German history. Its failings were the failings of our nation. And in this, Bayreuth has become a national institution in which we can see ourselves. We cannot simply wipe away the dark chapter of German history and of Bayreuth history."

Scheel's statement exploded the affirmative framework of that festive event and provoked some sensitive irritation. Then the film release of a five-hour interview given by Winifred Wagner to film director Hans Jürgen Syberberg escalated to a scandal, for in it, Wolfgang Wagner's mother by no means distanced herself from Adolf Hitler and the Third

Reich's appropriation of Wagner. Quite the contrary: she unwaveringly held up her friendship with Hitler and ignored all the horrors of the Nazi era. If Hitler were to stand on her doorstep today, she said, she would give him just as warm a welcome as she had back then.

The most obsessed anti-Wagnerian of the 1970's was doubtless Hartmut Zelinsky. With his book "Richard Wagner – A German Theme", he took a stab at the wasps' nest. In his wake came a flood of his own publications and those of other authors. Zelinsky too documented the fatal political history of Richard Wagner's effects, up to and including the Third Reich. That book changed the course of Wagner research not only in Germany but internationally. Rather than restricting itself to questions of psychology, the origin of the works, musical and intellectual history, this research has shifted its focus to the effects Wagner and his works had on history and politics, issues that had largely been neglected after 1945.

But if Hartmut Zelinsky gave the impetus for this change in the public debate over Wagner, he threw the baby out with the bathwater by apparently lending more credibility to Hitler than to Wagner, constructing a randomly searched-out but ostensibly systematic anti-Semitic ideology of destruction and maintaining that this was the central idea behind Wagner's music dramas, accordingly interpreting these works with the aid of particularly nonsensical arguments and assembled quotes.

It took several years until the diaries of Wagner's second wife Cosima, also first published in 1976, were recognized as the most important source of latter-day Wagner research and used to refute Zelinsky's theses. By now most Wagner research has proven the attacks on Wagner by Zelinsky and his students and experts as incorrect or has put them in their place.

Every attempt to explain Wagner from a single point of view is doomed to failure, for Wagner was the embodiment of apparently irreconcilable factors. He was everything at the same time: the young German advocate of liberated sensuality and eroticism on one hand and the mystic, ecstatic and chaste knight of the grail on the other. The destroyer of bourgeois institutions was their representative gourmet. The sympathizer of Bakunin, the anarchist, was also the intimate friend of the dream-driven King Ludwig II of Bavaria. A revolutionary and a creature of luxury, Wagner despised the owners of palaces but was the proud lord of the

Wahnfried mansion. The European cosmopolitan was a patriot of the German nation, a buffoon and a Faust. In his lifetime, Wagner loved both figures and wanted to immortalize them in his music. He unfortunately never got around to composing music of buffoonery, but he did write "A Faust Overture" and two songs based on the subject of Mephistopheles, freely adapted from Goethe.

1982, A HUNDRED YEARS AFTER THE FIRST PARSIVAL

Fresh controversy over Wagner's anti-Semitism

At the Bayreuth centennial in 1976, Patrice Chéreau staged Richard Wagner's "Ring of the Nibelung". It was a high point in festival history. As conducted by Pierre Boulez, this RING was also a major musical event. It remained on the program until 1980, in line with the Bayreuth policy of showing most productions for five years, newly producing them each season and often changing and improving them in the process.

In 1981 Wolfgang Wagner staged THE MASTERSINGERS. The critics were unanimous: the new production was more old fashioned than ever, down to earth, Franconian and superficial.

Seven years after his TANNHÄUSER scandal, Götz Friedrich, the Berlin stage and theater director, presented a new rendition of LOHENGRIN in Bayreuth. The very abstract, technologically sterile, steely black sets by Günther Uecker met with cool reactions. The production was also less than outstanding musically. Jean-Pierre Ponnelle's debut on the Green Hill in 1981 with TRISTAN was at least scenically notable, the most French Impressionist, colorfully artistic and romantically poetic TRISTAN ever seen in Bayreuth. The second act doubtless made a lasting impression on every festival visitor: under a huge tree with leaves that continually changed colors, it played next to a babbling brook amidst ferns and mosses. René Kollo and Johanna Meier in the title roles, Matti Salminen as King Marke and Hanna Schwarz as Brangäne made for an excellent cast – about this, the critics agreed. Somewhat more controversial was Daniel Barenboim's conducting. Some called him the worst conductor to have ever wielded a baton in the Bayreuth orchestra pit; others hailed him as the emerging great interpreter of Wagner. As it turned out, from 1981 until the end of the 1990's, Barenboim was a Bayreuth mainstay.

Along with James Levine and Giuseppe Sinopoli, he was one of the festival's three main conductors. Each had his turn conducting the RING. And each brought along his own league of singers, who could also be heard at Berlin's State opera *Unter den Linden*, at the Met in New York or in Vienna. In a musical context, Bayreuth was now more interchangeable than ever before.

With the approach of the year 1982, minds began to focus on the coming 100th anniversary of the first performance of PARSIFAL, the "Festival Performance for the Consecration of the Stage". Wolfgang Wagner, wanting to produce something special, hired Götz Friedrich to do the stage direction once again. The scenery designed by Andreas Reinhardt was definitely unusual: his stage architecture could have been construed either as a grail temple, catacombs or a mausoleum. The main structure, lain on its side, blurred the distinction between up and down, back and front, deep or high. "You see, my son, here space becomes time" – those words by Gurnemanz were doubtless the point of departure for the set design. This PARSIFAL was a centennial work only in calendar terms. Artistically, it fell short of expectations, although it was scenically impressive. It seemed as though the set designer had taken the Palazzo Civiltà Italiana near Rome, turned it inside out and then laid it on its side. From the foot of the tower one could gaze into the top. The flower maidens cavorted inside like harlots. Klingsor made his appearance in a mobile high tech laboratory. PARSIFAL, as staged and designed by Götz Friedrich and Andreas Reinhardt, was a secularized social commentary, showing an elite, closed society that, having lost the qualities of sympathy and humanity, was on the verge of collapse. At the end, an allusion was made to a utopian, peaceful society. It was a concept with which conductor James Levine could not agree, and he criticized it in public. His endlessly slow tempos severely tried the patience of the public and the critics. But Levine was unerring. Directly contradicting the stage concept, his PARSIFAL was described by one justified critique as "a religious service with beautiful music". A fascinating curiosity was the Bayreuth comeback of Leonie Rysanek, whom Wieland Wagner had discovered exactly three decades earlier. By then an international star at the end of her career, she sang the role of Kundry in the first cycle of performances that year. In the following season Rysanek was replaced by a promising young mezzo-soprano who was to have a splendid career in Bayreuth and elsewhere: Waltraud Meier.

The Friedrich-Levine centennial PARSIFAL didn't really open up any new insights into Richard Wagner's "farewell to the world". The world in this aesthetic provocation of a work runs counter to bourgeois civilization. As such, it still contains plenty of explosive power for us today. PARSIFAL is by no means tied to religious, sacred concepts. Instead, it is a truly utopian opus! Nonetheless, numerous books and newspaper articles published around the time of the "Centennial Parsifal" tried to make the opposite point. Just as debate had broken out in 1976 over Wagner, his works and their political effects, a fresh round of controversy erupted in the early 1980's over Wagner's anti-Semitism, with heated emotions and often-sharp polemics. Some writers tried to make the point that Wagner's anti-Semitism is manifested with particular clarity in PARSIFAL. These sometimes absurd claims culminated in the thesis of the most outspoken and obsessed Wagner-hater of all, the Germanics scholar Hartmut Zelinsky: that of PARSIFAL being the supreme expression of a Wagnerian ideology of destruction, a racist "blood ideology", that the work is built on the idea of "the salvation of the Aryan Jesus from Judaism". This ridiculous idea is disproved in Cosima Wagner's diary. In her entry of December 14, 1841, Wagner himself calls PARSIFAL "his most conciliatory work."

PARSIFAL, to quote Wagner, was his "last card", a consummately personal summation of his life's work also in compositional technique. Nearly all of the protagonists and essential moments of the plot recapitulate Wagner's complete works. To that extent, it truly is his "farewell to the world".

In conversation with Cosima on October 20, 1878, Wagner refuted speculation about any religious, Christian intent in the work or about the main character being a reflection of Christ. As she recorded in her diary, he said, "I didn't have the savior in mind at all." PARSIFAL has nothing to do with racial conflicts or the opposition of Judaism and Christianity. Instead, it's about heathen sensuality vis-à-vis Christian aestheticism, about sexuality and renunciation, egotism and empathy, physical love and divine love for the world, morality and amorality. Beginning with TANNHÄUSER, those opposing concepts are a recurring thread in all of Wagner's works.

The Kupfer RING of 1988 was a bright spot in festival history in as far as the previous one had been an unprecedented fiasco. Any new RING following the one by Chéreau would have doubtless had a difficult time of it. But the production by stage director Peter Hall and conductor Georg Solti, replacing the Chéreau production in 1983, was generally considered one of Bayreuth's greatest flops. Peter Hall's stage direction was at points depressingly naïve, uninspired and superficial. As quoted in the *Münchner Abendzeitung* newspaper, Friedelind Wagner, Wolfgang Wagner's sister, called it "the greatest amateur show" she'd ever seen. A renowned critic labeled it "The Twilight of Bayreuth". Astonishingly, not even Georg Solti, Wagnerian conductor par excellence, had any great fortune in Bayreuth. He did not return after the first year. The director and the designer also refused to tackle this RING anew. This was most regrettable because the Brünnhilde of Hildegard Behrens suffered under the staging concept.

Harry Kupfer's RING, coming to the stage five years after that of Hall and Solti, had plenty of action, ideology and the intention to convey a message – many felt a bit too much so. Supported by optimal new stage technology and lively character action, Kupfer told a contemporary parable about how those in power cheat, lie, terrorize and kill to quench their egotistical thirst for power and property, thereby destroying innocent, i.e., completely normal people, but finally drawing themselves into the circle of destruction. Supported by much use of lasers, images of the here and now were evoked by gleaming metallic fragments of industrial architecture. This RING at least tried to make a clear political statement. And that made it light years removed from the costume ball approach that had so disqualified the RING by Peter Hall. Yet it had now become clear that not even Bayreuth was immune any longer to the laws of the marketplace or marketing strategies. Nearly the entire cast of the Kupfer-Barenboim RING returned at the same team's later production of the tetralogy at the Berlin State Opera. As though it were the most natural thing in the world, Bayreuth had become marketable in grand style through the multimedia. Its stars can now be seen and heard everywhere on the videos and CD's of the major record companies.

WAGNER IN THE THIRD MILLENIUM

The "Ring 2000", questions about leadership, prospects for the future of Bayreuth and Wagner's relevance in modern times

The 1990 "Flying Dutchman" in Bayreuth under the direction of Giuseppe Sinopoli was one of the most interesting productions of the final ten years of the millennium. Director Dieter Dorn and designer Jürgen Rose staged a visually extremely suggestive dream, that of a restless Odysseus seeking redemption through love. An unprecedented technical effect was the Senta's spinning room, which was elevated from the stage floor as though lifted by an invisible hand and made a 360-degree turn on its vertical axis in the starlit nighttime space above the stage: an unforgettable symbol of the love of Senta and the Dutchman, transcending the level of reality.

The 1993 production of TRISTAN by the playwright Heiner Müller was also memorable, especially for the magically abstract, disturbingly unrealistic sets by Erich Wonder, precisely because these were deliberately designed in contradiction to the plot. LOHENGRIN, as staged by film director Werner Herzog in 1987 in a novel, nearly cinematic Romanticism, was another Bayreuth highlight in those years. Heavy snowfall, Gothic architecture, genuine water on the stage, an opulence of costumes and the entrance of the knight of the swan illuminated by lasers in swirling mists: images of this kind were once only conceivable as science fiction miracles in cinema.

In 1994, Alfred Kirchner staged a RING with sets by Rosalie that were tastefully post-modern but quite arbitrary. James Levine was the conductor. This RING took no stand either politically or in theater aesthetics. That only heightened the anticipation for the new RING by Jürgen Flimm and Erich Wonder in 2000. A RING with colorfully illusionary designs of modern industrial and administrative architecture evoking images of contemporary Western industrial society amidst extensively destroyed nature. In non-operatic terms and with images from our own times, stage magician Erich Wonder and Jürgen Flimm, the former director of Hamburg's Thalia Theater, tell the still pertinent story of a world ruined by politics and corrupted by power, a society with no room for love or morality, doomed to demise. After the premiere, Jürgen Flimm said, "Although we may not have been successful in every area, we did make an effort to bring the story very close to home through realistic means and not to distort it in a mythic fog."

As always, the new RING in Bayreuth was shown in three complete cycles, and the premiere was followed with great interest by the international press. The Bayreuth Festival remains not only the most important festival in Germany; it is one of the most widely noted in the world. And the "Ring 2000" was an event of the kind that had been long hoped for. 2000 also marked the Bayreuth debut of conductor Christian Thielemann, who led Wolfgang Wagner's own MASTERSINGERS production, introduced back in 1996 as the festival director's last staging and not exactly crowned by glory. Thielemann is the highly capable shooting star among young conductors and the youthful star of a major record company. Although controversial both personally and professionally, he has been named the conductor of the new TANNHÄUSER in 2002 and of the next RING, scheduled for 2006. Most critics designated the other conducting premiere at the Bayreuth Festival 2000 – Christoph Eschenbach with PARSIFAL – a disaster. Bayreuth is apparently not what it used to be: the stage of the best Wagnerian performers. Today the dominant issues there are the quarrels between singers and the festival direction, the customary Wagner family gossip and the question of who will succeed Wolfgang Wagner.

Bayreuth will need a strong woman or a strong man in the future. The process of finding Wolfgang Wagner's successor has begun. Several interested parties not connected to the family have applied, but the most serious contenders are Nike Wagner, Wolfgang's niece and the daughter of Wieland Wagner, and three other candidates: Eva Wagner-Pasquier, Wolfgang's daughter from his first marriage, who has kept a low public profile; Wieland Lafferentz, the son of Wolfgang's sister Verena and managing director of the Salzburg Mozarteum; and finally, Gudrun Wagner, Wolfgang's second wife, who for over twenty years has been a coworker in the festival direction with her husband. The council of the Richard Wagner Foundation is charged with naming the next festival director. As laid out in the foundation charter of 1973, the decision is to be made in favor of who is most qualified for the task. Should there be candidates of equal qualification, preference is to be given to a member of the Wagner family. If no adequately qualified family member can be found, a non-family member may also become festival director. The Foundation Council apparently leans toward Eva Wagner-Pasquier. She is, however, not her father's favorite candidate; Wolfgang would rather pass the direction of the post-war enterprise he has essentially built himself on to his wife. "If, given the way a successor is to be chosen, I had seen a qualified candidate, I might have already left. But I have a sense of responsibility, for the issue of who succeeds me is a very delicate one. No matter who takes on the job, it will concern matters of substance and will have consequences for things that are now taken for granted and are considered unique. It's not just a question of the form of leadership, it also has to do with things such as the whole restoration of the theater and methods of financing." (Wolfgang Wagner)

How Wolfgang Wagner's successor is to be chosen – and when the decision will be made – are something of a suspense story. Wolfgang considers his wife the only suitable candidate for the job. As one of the three chairmen of the Foundation Council, he has been blocking the decision-making process. Wolfgang Wagner, sole owner and managing director of the Bayreuth Festival Company, has the option of invoking his lifetime contract. Seeing no reason to take quick action, he postpones the choice of a successor into the distant future, having made artistic decisions effective through the year 2006. By now the public debate has grown so bitter that various federal and state politicians have been attacking Wolfgang with threats to cut subsidies. "In any event, it's not as though I ever said I'd quit on such and such a day. It will also depend on my health. If I ever get the feeling, or if friends should tell me: 'Listen, you talk too much, you're not doing anything anymore, there's no use' – but for the time being, I see a few years of necessary work ahead stabilizing the situation. (Wolfgang Wagner)

With all the reservations about the patriarchic leadership style of the cantankerous Wagner grandson Wolfgang, or about his stance, which is hardly open to dialogue or compromise anymore, he remains a unique and hardly replaceable theater manager, organizer and festival director. He has led the Bayreuth enterprise for fifty years. No other theater director has sat in the director's chair for that long. Up until 1966 Wolfgang worked with his brother Wieland. Since Wieland's death he has been sole director. He has transformed the *Festspielhaus*, decrepit after the war, into an ideally restored opera house, exemplary and technically up to date. The Bayreuth Festival is one of the world's most successful festival enterprises, yet the ticket prices are comparatively inexpensive. Wolfgang has only been able to achieve this by getting his artists to agree to work for low fees. Every year the demand for tickets exceeds the supply by a factor of ten to one. And for the future of the festival, the clever Bayreuth impresario has located a generous patron, American billionaire Alberto Vilar.

What has transpired every year since 1951, the "zero hour" of "New Bayreuth", in the small city in upper Franconia – the hunt for tickets, the marching past of celebrities and "very important persons", the merry-go-round of stage directors, conductors and singers in the newspaper headlines –has very little to do with Richard Wagner's beautiful dream of a democratic festival of art. Yet the Bayreuth Festival remains one of a kind. The repertoire alone sets it apart from any other festival. Whoever goes to Bayreuth makes a conscious decision to come to terms with Wagner's oeuvre at the authentic location Wagner himself had in mind. Wagner's works have not exhausted themselves to this day. They still reveal their vitality and their unbroken relevance to modern times. The composer's own exhortation to his contemporaries and successors: "Children! Create Something New!".

Richard Wagner and his works of music theater still meet with distorting prejudice. Whether an end to these preconceived ideas and misunderstandings is in sight in the third millennium is doubtful.

The reasons are evident. The 20th century continued to feed off the intellectual material of the 19th – the poisons, hopes, utopias, promises of salvation and errors in the arts, politics, society and philosophy – and that will most likely also continue in the coming century. All of these elements are contained in Wagner's music dramas. That alone will probably insure the relevance and the power of Wagner in the future.

In his stage works, many threads run together: Romanticism and the modern world, early French socialism and German capitalism, pre-Freudian psychoanalysis and antique myth, German nationalism and genuine European cosmopolitanism.

Wagner created a utopia of music theater that is as multifaceted and fragile, explosive and dangerously ambiguous as only few other things in modern cultural history. There's nothing easy about Wagner! For that reason, any impulsive judgment about him is mistaken or a prejudgment. The controversy over the little man from Saxony and his great output of music dramas, the cult that continues to be celebrated around him, the apparently still irreconcilable opposition between those who venerate and those who vilify Wagner are the very ingredients that create the challenging and ongoing topicality and power of his music dramas, which still contain plenty of dynamite and "music of the future".